Annie Pazzogna

Totem

Praxishandbuch
der indianischen
Krafttiere
und Schutzpflanzen

Arun

Copyright © 2002 by Arun-Verlag für die deutsche Ausgabe, 3. Auflage 2006.
Arun-Verlag, Engerda 28, D-07407 Uhlstädt-Kirchhasel,
Tel.: 036743-233-0, Fax: 036743-233-17,
e-mail: info@arun-verlag.de; Internet: www.arun-verlag.de
Titelbild: © Jim Brandenburg / Minden Pictures / Premium.
Alle Bilder ohne Quellenangabe stammen von Annie Pazzogna.
Übersetzung: Christian Schweiger.
Gesamtherstellung: Hubert & Co., Zeitbuch, Göttingen.

ISBN 3-935581-07-6

Einleitung

Als die Autorin vor einigen Jahren in tiefem Koma lag, fand sie sich in den großen Ebenen des nordamerikanischen Middle West wieder. In dieser Vision wandelte sie durch hohes Steppengras als plötzlich eine Reihe von Wesen aus der Sonne und dem tiefen Blau des Himmels auf sie zukam und geräuschvoll an ihr vorbeizog.

Auf ihren menschlichen Körpern saß der Kopf eines Tieres. Alle Tiere waren dabei vertreten, auch die kleinsten. Dieser Marsch der Schöpfung war wie ein tiefer Atemzug, ja der Lebensatem selbst. Die Schönheit eines dieser Wesen fiel ihr besonders ins Auge. Sie wußte, daß der Geist ihres Beschützers sich so enthüllte, um ihr in der nahenden Probe beizustehen. Schließlich verschwand er wieder hinter einem Vorhang aus heiligen Bäumen.

Nach dieser *Steppvisite* des Todes, der das Angesicht getragen hatte, welches sie ihm geben hatte wollen, kam sie wieder zu sich und entdeckte ihre treue Hündin Joy, die all diese Zeit über auf sie gewartet hatte. Ihr funkelnder Blick schien sagen zu wollen : Komm zurück! Und das tat sie auch.

Dieses aus einer Vision entstandene Werk ist allen Tieren gewidmet, die durch unsere Gier und Dummheit erkrankt sind, aber auch dem Wald, den unsere Unüberlegtheit zerstört.

*Kriegsschild von Bull Lodge, Medizinmann vom Stamm der
Gros Ventre, um 1850. Er besteht aus ungegerbtem Büffelleder,
Hirschleder, Wollstoff, Adlerfedern, Stachelschweinborsten,
Messingglöckchen und Glasperlen. Bull Lodge "erhielt"
den Schild auf seiner ersten Visionssuche. Die Lederbündel
sind mit Opfergaben gefüllt, wahrscheinlich Tabak.
Sammlung Richard und Marion Pohrt.*

INHALTSVERZEICHNIS

Einleitung

DIE TOTEMTIERE

Der Donner-Westen

Westen

HEILIGE BÄUME

FELS UND WEISHEIT

ANHANG

Die Totemtiere

*Bären-Schamane der Blackfoot bei einem Heilungsritual, 1832.
Zeichnung von George Catlin.*

Abb. Seite 11: Halsschmuck eines Schamanen, Nordwestküste.

FRÜHER...

Unsere Mutter Erde ist wie eine mit unzähligen Spiegeln übersäte Kugel, von denen jeder einzelne einen Aspekt des Lebens zeigt. Auf dieser Kugel versuchen wir unseren Raum und unser Wesen zu erfahren.

Im Leben ist alles Skan, Bewegung; vom kleinsten Steinchen bis hin zu den mächtigen Bäumen im Wald und den winzigsten Blüten. Unsere Welt befindet sich in ständigem Wandel. Diese Bewegung liegt also keineswegs in der Zukunft, sondern im Hier und Jetzt der Gegenwart.

Diese Essenz können wir recht unerwartet und unvermittelt erfahren. Das kann beim Träumen mit dem Blick in den Wolken oder auf den Steinen am Wegrand geschehen. Aber auch so manche Pflanze, so manches Tier kann sie uns offenbaren. Durch sie kommen heilige Kräfte zum Ausdruck.

Tiere, Bäume und Felsen sind Hüter des Lebens und bestimmter Stätten: Sie schützen Berge, Flüsse, Wälder, Familien, ja ganze Völker. Das Individuum steht dabei jedoch ganz unten auf dieser Liste.

Der Geist eines Tieres kann sich auch durch die Eigenschaften eines Berges äußern. So ähnelt der Bear Butte in South Dakota einem schlafenden Bären. Dieser Vulkankegel ist seit Urzeiten der rituelle Treffpunkt zahlreicher Indianerstämme. Eine Höhle, die an den Winterschlaf des Bären erinnert, ist voller Ritualgegenstände. Noch heute wird dieser Hügel verehrt. Er ist heilig.

Es heißt, daß Mensch und Tier früher miteinander kommunizieren konnten. So erzählt Großvater Wallace Black Elk:

"Nach der Schöpfung der Menschen lebten sie in Harmonie mit dem Baum des Lebens bis sie ihrem eigenen Zweifel erlagen. Sie sahen sich um und sagten: ‚Wir müssen nun all das schaffen, woran der Schöpfer nicht gedacht hat.' Dieser Stolz ließ sie die seidene Hülle, diesen elektrischen Schutzmantel verlieren, die sie bis dahin umgeben hatte.

Sie leugneten den Schöpfer und seine Heilige Mutter. Deshalb sprach der Schöpfer: ‚Die Berge sollen entstehen.' Und die Erde wurde heftig erschüttert. Lava, Wasser, Schnee und Eis traten aus der Erde hervor, die Tiere flohen, fielen in den Schlamm und wurden vom flüssigen Gestein erfaßt, so daß sie versteinert wurden.

Dennoch konnten viele entkommen, und einige Vierbeiner sagten: ‚Laßt uns beten und zusammenbleiben für die Zweibeiner.' Sie baten den Schöpfer für die Menschen um Verzeihung und opferten ihre eigenen Felle und ihr Fleisch, weil die Menschen die ‚Bekleidung ihrer Geburt' verloren hatten. So begann der Mensch sich zu kleiden, doch konnte er nicht mehr mit den Tieren reden."

Durch ihre übersinnlichen Kräfte überwinden Medizinmann oder -frau diese seither zwischen Mensch und Tier bestehende Schranke und erreichen für eine gewisse Zeit als Fürsprecher wieder den früheren Zustand. Sie kennen die Sprache der Tiere und können ihre Kräfte und Energien verkörpern. Sie reisen in die Tiefen der Erde oder in die Lüfte, um die verlorene Seele eines kranken Menschen wiederzufinden und Aufschlüsse zu seiner Heilung zu gewinnen.

So wird z.B. von einer Medizinfrau erzählt, die die Vögel anrief, um ihr bei ihren Heilversuchen zu helfen. Bei ihrer Arbeit konnten alle Umstehenden recht deutlich den Gesang dieser Vögel vernehmen. Der Flügelschlag reinigt, beruhigt, lindert Verbrennungen und entfernt dunkle Gedanken. Viele Frauen bedienen sich daher immer bestimmter Federn. Denen der Turteltaube wird z.B. eine zyklische Regenerierungskraft zugeschrieben.

Auch heute noch rufen die Medizinmänner bei Heilungsritualen in der Schwitzhütte die Totemtiere zu Hilfe, die in immerwährendem Kontakt zur Urquelle allen Lebens stehen. So wird die Spinne z.B. ersucht, die Fäden eines verwirrten Geistes wieder in Ordnung zu bringen.

Der Bär zeigt die richtigen Heilpflanzen, während der Donnervogel angerufen wird, um all das zu Asche werden zu lassen, was nicht
mehr erneuert werden kann und soll. Natürlich gibt es für die Anrufung der bestimmten archetypischen Geister und sie betreffenden Elemente eigene Gesänge, die auch mit der Abstammung des Fürspre-
chers variieren können.

MITAKUYE OYASIN

Wir können uns heute wohl nur annähernd vorstellen, welche Achtung die ersten Menschen der Welt der Pflanzen, der Tiere und der Steine, also der "unabhängigen Lebensgemeinschaft der Mutter Natur" entgegenbrachten. Der Ausspruch Mitakuye Oyasin faßt dieses Verhältnis zur Natur zusammen: "Wir sind alle miteinander verbunden" oder "Alle sind eine große, spirituelle Familie". Um diese Familie zu wahren, war es wichtig, jedes ihrer Mitglieder zu verehren.

Schon von Beeren und Wurzeln sammelte man nur, was man wirklich brauchte und betete für das genommene Leben. Die Jäger bereiteten sich in der Schwitzhütte auf den ebenso heiligen wie schwerwiegenden Akt der Jagd vor. Dort reinigten sie sich und beteten zugleich für den Geist des gejagten Tieres, welches ihnen seine Kraft schenken sollte. Nach der Jagd wurde dem erlegten Tier oft der Rauch der heiligen Pfeife in die Nüstern geblasen, um dadurch symbolisch seinen Lebensatem zu ersetzen. Man vermied dabei Lärm und unnötiges Getue, um die natürliche Ordnung nicht zu stören.

Bevor der Baum des Sonnentanzes, eine Pappel oder Cotton Wood gefällt wurde, trat einer der Alten als Repräsentant der Weisheit vor ihn und sprach mit den Vögeln, die ihre Nester in seinen Zweigen bauten. Nur so konnten die geflügelten Wesen erfahren, wozu das Volk dieses "aufrechte Wesen" benötigte, und verstehen, daß die Lakota-Sioux die Heimat der Tierwelt nicht mutwillig zerstörten. Das Wort Sioux ist eigentlich eine Abkürzung des Wortes "Nadhesiu", welches bei den Objiwa soviel bedeutete wie "Kleine Schlange" oder "Feind".

DIE WESTLICHE WELT

Bis auf wenige Ausnahmen beschränkt sich der Bezug der westlichen Welt zu den Tieren auf Haus- und Nutztiere. So wird bei den Lakotas die Geschichte von den beiden Europäern erzählt, die an einem Schwitzhüttenritual teilnahmen und gebeten wurden, den Schrei der Tiere nachzuahmen, die ihnen am nächsten standen. Zur allgemeinen Belustigung imitierten die Europäer nur die Laute von Haustieren wie Hunden, Katzen, Eseln oder Schafen.

In unserer modernen Welt erleiden Tiere oft schreckliche Qualen. Man führt die aberwitzigsten Versuche im Labor durch, entnimmt ihnen Organe zur Transplantation, züchtet sie in unwürdigen Anlagen, pumpt sie mit Hormonen und Medikamenten voll und mästet sie mit widerwärtigen Mitteln (Tiermehl), durch die so manche Kuh zum Fleischfresser wurde und schließlich ganze Herden durch Epidemien oder staatliche Verordnungen vernichtet wurden. Schon die Prophezeiungen der alten Indianer sprachen von einer Zeit, in der das Fleisch der Tiere ungenießbar werden würde. Ganz zu Schweigen von künstlichen Veränderungen des Genpotentials. Die Tiere, die uns nähren, opfern sich abermals für uns auf. Doch kann uns dieses Opfer heute bestenfalls unser schlimmes Fehlverhalten erkennen lassen.

In der Welt der Lakotas kommt den Tieren ein bedeutender Stellenwert zu. Ihre Eigenschaften decken sich mit den menschlichen und bieten so eine wertvolle Hilfe auf dem Lebensweg. Tierfabeln, in denen selbst dem kleinsten Insekt große Bedeutung zukommt, bringen den Kindern schon im frühesten Alter wichtige Einsichten ins Leben, die ihnen helfen sollen, verantwortungsbewußte und kohärente Erwachsene zu werden.

So heißt es z.B., eine Frau solle emsig sein wie eine Spinne, lustig wie eine Lerche und flink wie eine Bergziege. Die männlichen Tugenden sind hingegen die Stärke des Bisons, die Weisheit und Selbständigkeit des Wolfs oder die Liebeskraft des Elchs.

Jeder Mensch kann auf Visionssuche gehen, wenn er über wichtige Fragen zu entscheiden hat. Dieses Ritual war wie auch das der Schwitzhütte ebenso ein Bestandteil alten europäischen Kulturguts, auch wenn beide später wieder völlig aus unserer Kultur verdrängt wurden.

Die jungen Lakotas lernen in der stillen Beschaulichkeit der Visionssuche ihr Totemtier, ihren Lebenshelfer und –führer kennen. Der Jugendliche identifiziert sich mit diesem Hütertier und versucht in dieser Phase der Einkehr die treibende Kraft seiner Existenz zu erkennen.

Vier Tage und vier Nächte verbringt der Suchende innerhalb eines geweihten Platzes. In dieser Zeit darf er weder essen noch trinken.
Zeichnung von Thomas Mails.

DIE VISIONSSUCHE

Im Zuge seiner Vision kann der Suchende einen Gesang erhalten, den er anklingen läßt, um Kontakt mit seiner spirituellen Essenz, seiner Lebenskraft aufzunehmen.

Zuerst offenbart sich das Totemtier im Herzen des Suchenden und stellt ihm Fragen wie: "Bist Du ich oder bin ich Du?" oder "Wer blickt Dich aus dem Spiegel Deines Ich an?" Dieses "Spiegelgesetz" ist ein wichtiger Bestandteil der Spiritualität der Prärieindianer. Hat der Suchende die Essenz des Totemtiers erst einmal mit seinem Herzen, dem Sitz Wakan Tankas, erfaßt, so beginnt es sein ganzes Wesen zu durchdringen. Seine eigentliche Schutzfunktion kann es jedoch erst übernehmen, wenn der Suchende seine Vision einmal getanzt oder gesungen hat, um seinen Mitmenschen die Integration und Annahme dieses neuen Zustands zu verkünden. Nur so können diese ja seine neue Identität entdecken und anerkennen.

Indem Haltung und "Sprache" des Tieres imitiert werden, eignet er sich seine Eigenschaften an: Instinkt, Intuition als Form unmittelbarer Intelligenz und das Wissen um die Geheimnisse der Erde. So entdeckt der Mensch seine in den Tiefen des Unbewußten verborgene, wahre Natur.

Auch den Träumen wird größte Bedeutung beigemessen. Sie sind Wegweiser auf unserem Lebensrad. Im Schlaf durchdringen sich Visionen und Träume. So wie wir nur einmal oder aber wiederholt von einem bestimmten Tier träumen können, so können manche Totemtiere auch nur eine gewisse Zeitspanne über unser Leben wachen.

Besonders bei Unfällen, schweren Krankheiten oder hohem Fieber nähert sich uns die Welt der Tiere, um uns ihren spirituellen Schutz zu bieten.

Verzieren die Lakotas ihr symbolisches Schutzschild oder die Trommel, in der alle Laute des Universums stecken, mit einem bestimmten

Totem

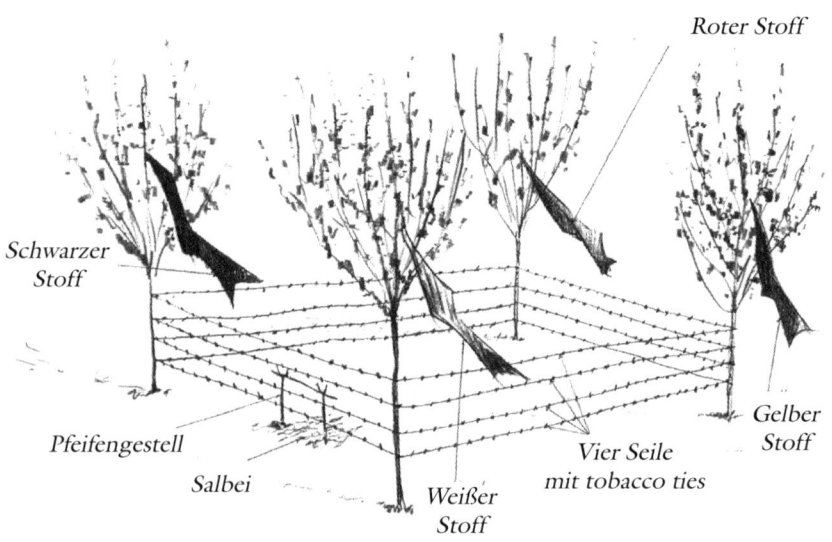

Roter Stoff

Schwarzer Stoff

Pfeifengestell

Salbei

Weißer Stoff

Vier Seile mit tobacco ties

Gelber Stoff

Zeichnung eines zeitgenössischen Ritualplatzes für die Visionssuche. Vier kleine Cottonwood-Bäume markieren die Ecken des Platzes (ca. 2,5 bis 3m). Farbige Stoffetzen hängen von den Bäumen, deren Farben mit dem speziellen Anlaß für die Visionssuche korrespondieren. Die Umzäunung besteht aus einem bis vier Seilen, an denen die Tabakopfer, sog. tobacco ties, befestigt sind. Das Ablagegestell für die Pfeife befindet sich im Südwesten. Der Suchende sitzt auf einem Büffelfell oder einer Decke. Zeichnung von Thomas Mails.

Tier, so wäre es unvorstellbar, wenn dieses nicht einem solch inspirierten Augenblick entsprungen wäre.

Derartige Schutzschilde wurden früher von einer Träumerin, der "Doppelfrau" und Kriegerin Agonite angefertigt, die dazu das Nackenleder eines Bisons in einem Bisonmagen über rotglühenden Steinen erhitzen mußte. Dann wurde das heiße Leder auf einen runden Felsen geworfen, dessen Form es annahm. Als es wieder erkaltet und hart war, wurde es zugeschnitten und barg die Kraft des Felsen Inyan in sich, der zusätzlichen physischen Schutz gewährte.

In den meisten Fällen hatten die Schilde jedoch eher eine symbolische Schutzfunktion auf einer weniger konkreten Ebene. Wenn sie nicht getragen wurden, so wurden sie auf einem Dreifuß vor dem Tipi abgestellt. Sie waren also eher Hüter, so wie der Medizinbeutel, in dem besondere vom Medizinmann geweihte Steine, Klauen, Federn oder Muscheln aufbewahrt wurden.

Die Trommel ermöglicht die Reise in Himmel und Unterwelt. Die Verbindung dieser beiden Reiche wird durch den heiligen Baum symbolisiert, für den die vertikale Achse des Trommelkörpers steht, während die horizontal darüber gespannte Tierhaut das gegenwärtige Leben versinnbildlicht. So bringt das Schlagen der Trommel neue Energie, neues Leben. Es ist der Ruf des Herzschlags der Erde selbst.

Bis vor nicht allzu langer Zeit wurden Kleidungsstücke noch aus der Haut eines einzigen Tieres angefertigt, damit die ganze ungebrochene Kraft des Tieres auf seinen Träger übergehen konnte.

Häute dienten nicht zuletzt auch der Geschichtsschreibung. Die Interpretation von Bildern konnte historische Umstände recht genau wiedergeben, da bestimmten Symbolen eine universelle Bedeutung zukam. Oft sieht man auf solchen Zeichnungen z.B. Wellenlinien. Gehen sie aus einem Gesicht hervor, so symbolisieren sie das gesprochene Wort, in Zusammenhang mit einem Tier stellen sie dessen Kraft und Ausstrahlung dar, während vertikale Wellenlinien für das göttliche Leuchten stehen.

REISEBERICHT

"Ein Händler namens Kleiner Rabe wanderte die Nächte lang bis zu einem Fluß. Er wanderte nachts, da er sich auf feindlichem Gebiet befand. Am Fluß angekommen, bereitete er ein Kanu vor und schlug sein Lager auf. Bei Sonnenaufgang des nächsten Tages fuhr er auf seiner Suche nach Muscheln durch Freundesland.

Nach einer fünftägigen Reise kam er endlich in ein Dorf, wo er drei Tage rastete, mit dem Häuptling verhandelte und eine große Menge Muscheln erstand. Dann stieg er bei Sonnenaufgang wieder in sein Kanu und fuhr zwei Tage wieder auf dem Fluß.

Am zweiten Tag geriet er in ein Gewitter, bei dem ein Blitz in einen Baum schlug und dieser Feuer fing. Der Mann wurde krank, und heilte sich mit Heilpflanzen. Als er sich wieder besser fühlte, wanderte er abermals nachts und versteckte sich untertags. Das Land war voller Wölfe und Füchse. Erst nach vielen Tagen kehrte er wieder in sein Dorf zurück. Zwanzig tapfere Krieger kamen ihm mit dem Häuptling Aufrechter Bär entgegen. Sie freuten sich über seine heile Rückkehr und beteten zusammen.[1]

Die Lebenskraft des Herzens wird durch einen kräftigen Strich im Inneren eines Tieres dargestellt. Man verinnerlichte die Eigenschaften des Schutztieres auch, indem man seine Merkmale in Form von Kriegsbemalung auf die Haut malte, um so die Feinde abzuschrekken. Zahlreiche Kult- und Gebrauchsgegenstände weisen ebenfalls die Form bestimmter Tiere auf, die dadurch deren Kraft übermitteln sollten.

Wir haben mehrere Hüter oder Führer, von denen nur bestimmte als Meister gelten. Bei den Lakotas kommt dem Bison und dem Adler eine führende Rolle zu. Doch soll dies nicht heißen, daß Nachrichten von "unbedeutenderen" Tieren einen geringeren Stellenwert haben.

"Besiegt" man ein Tier, indem man eine Krankheit oder besondere Furcht überwindet, so kann es auch dadurch zu unserem Totem werden. Doch ist die Kraft der Tiere ebenso ambivalent wie alle anderen Bereiche der Macht. Streben wir zu sehr nach seinen Kräften, können sie sich auch ins Gegenteil umkehren. Diese Schattenseiten finden sich am Ende jeder Tierbeschreibung.

Das Wort "Totem" geht eigentlich auf das Wort "Ototeman" aus dem Wortschatz der Algokin zurück, welches so viel bedeutet wie "verwandt" oder "Er gehört zu meinem Klan". Der sogenannte Totemismus bezeichnet also die Beziehung eines Einzelnen oder einer Gruppe zu einem Tier oder einer Gruppe von Lebewesen, Phänomenen oder Gegenständen. Innerhalb einer Totemgruppe gibt es eine ganze Reihe von Vorschriften. So ist es bestimmten Stämmen z.B. untersagt, das Fleisch eines Tieres aus seiner Totemgruppe zu verzehren. Essen die Sioux hingegen ihr Schutztier, so eignen sie sich seine Kraft an, auch wenn sie nie ihr Pferd verspeisen würden.

Der frische Salbei am Boden dieses u-förmigen Felssitzes
deutet darauf hin, daß dieser Platz erst kürzlich für
eine Visionssuche aufgesucht wurde.
Foto Andrew Gulliford, 1992.

23

DER NAME

Der Träumer kann den Namen des Tieres annehmen, welches ihm erschienen ist. Aber auch physische Eigenschaften, bestimmte Charakterzüge oder Verhaltensweisen wie auch konkrete Ereignisse können diesen Namen andeuten.

So wird erzählt, daß bei der Geburt von Crazy Horse ein Pferd durchgegangen und wie verrückt durch das Lager gerannt war. Andere behaupten, er hätte sich diesen Namen erst verdient, da er die Reitkunst so beherrschte, daß er in der Lage war, sein Pferd tanzen zu lassen. Es ist also ersichtlich, daß sich der Name eines Menschen im Laufe seines Lebens mehrere Male ändern konnte, wenn markante Ereignisse dies rechtfertigten.

Der erste Name eines Kindes offenbart sich den Medizinmännern. Er übt eine bestimmte Kraft auf seinen Träger aus, der die Eigenschaften dieses Tieres verkörpern wird.

Der Oglala-Medizinmann und Träger der Heiligen Pfeife Black Elk.
Foto von J. E. Brown.

DIE SCHUTZTIERE

In diesem Buch sollen aus der langen Liste von Tieren die 35 wichtigsten behandelt werden, die nach den Elementen des Lebensrades unterteilt sind. Die Luft steht für das Prinzip des Lebens, das Feuer für die Macht des Schöpfers, das Wasser für die Urmaterie und die Erde für die Universalsubstanz. Doch können gewisse Tiere auch zwischen den Elementen wandern. So wird zumBeispiel der Bär zwar dem Süden, den Emotionen und dem Wasser zugeordnet, bewegt sich aber auf den Westen und die physische Erde (Höhle) zu, aus der er stammt. Sein Winterschlaf gehört ins Reich des Mondes.

Fischen die Lakotas auch gerne in den Flüssen und Seen der Prärie, so gehören die Fische doch nicht zu den Totemtieren, denn sie gehören ins Reich des Bären, des Bibers und des Fischotters. Dennoch wurden Pfeifen in Fischform gefunden, was darauf schließen läßt, daß dem Fisch eine besondere spirituelle Rolle zukam, als die Sioux noch im Land der tausend Seen lebten. Heute wird beim "Volk der Fische" alles, was mit der Welt des Wassers zu tun hat, durch eine

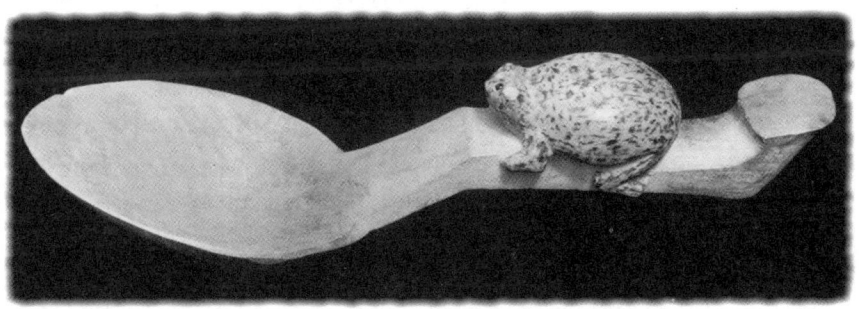

Bemalter Medizinlöffel aus Holz mit der Darstellung eines Frosches, welcher für die "Kraft des Mediums und Befreiung" steht Museum of the American Indian, Heye Foundation [2]

Totem

Hornlöffel aus dem 19. Jahrhundert.
Das Wapiti symbolisiert "Kraft und Ausdauer"
Smithsonian Institution

rosarote, kreisförmig geschnittene und zweimal durchbohrte Muschel symbolisiert. Diese Muschelknöpfe dürfen bei keinem Ritual fehlen.

Auch der rituelle Gebrauch von Knochen ist heilig, da sie für die Seele selbst stehen. Deshalb werden nicht benötigte Knochen wieder in die Prärie zurückgelegt, damit das Fleisch sie eines Tages wieder bekleiden kann. Sie stehen in Beziehung zum heiligen Mysterium des Urfelsens, aus dem alles Leben dieser Erde hervorging. Der Hund, dessen Gebeine begraben werden, stellt hierbei eine Ausnahme dar. Der Bisonschädel selbst ist fester Bestandteil aller Zeremonien, die ohne seine spirituelle Essenz nicht möglich wären.

In der Tradition der Lakotas gibt es zwei Wege. Der rote Weg des Lebens ist der des Fleisches, während der schwarze Weg der Knochen und der Steine geheimnisumwoben und mysteriös ist. Jedes Tier entstammt ursprünglich dem emotionalen Bereich des Südens. Erst sein

Verhalten und seine spezifischen Eigenschaften weisen es einem ganz bestimmten Bereich zu.

Steht der schwarze Westen für die Erde und die stoffliche Welt, so ist der Donnerwesten das Reich der Vermittler. Denn nur ganz bestimmte Totemtiere haben direkten Zugang zur Offenbarung des Großen Mysteriums: dem Blitz. Sie wissen den Blitz zu verursachen oder aber zu meiden. Sie können ihm aber auch über den Regenbogen verwandt sein. Nur der Hirsch, in dessen Geweih der Blitz schlägt, herrscht wie der göttliche Adler über das Feuer im Osten.

Der Blitz ist die Kraft der Schöpfung und zugleich die der Zerstörung. Er ist Zeugnis für den durch den Himmel bewirkten Wandel auf Erden. Der Ort, an dem er einschlägt ist heilig. Manchmal läßt der Einschlag eines Blitzes einen völlig runden Stein zurück, dem große Heilkraft zugeschrieben wird.

In einer Legende heißt es: "Als die Erde noch jung war, befanden sich unter den Lebewesen auch Riesen, die lebten und starben wie alle anderen. Ihr Geist erhob sich über die Wolken und wurde zum Donnervogel Wakinyan, dem gefürchteten Mysterium, welches formlos in den Wolken haust. Er ist nicht leicht zu beschreiben, da er keine Augen und keinen Schnabel, dafür aber spitze Zähne und Krallen ohne Pfoten, einen formlosen Körper und unsichtbare Flügel hat. Öffnet er das Maul, so spricht der Donner aus ihm, und aus seinen Augen fliegen Blitze. Er verfügt über eine atomare Kraft. Wer kann da schon wissen, ob es sich um einen Vogel oder einen Menschen handelt?"

Träumt man vom Donnervogel, so sieht man immer nur einen Teil von ihm, da er sich nie vollständig zeigt. Träumt man von Hagel, Blitz und Regenbogen so neigt man dazu gegenläufig zu leben. Für die Lakotas herrscht das Gegenteil, das Heyoka, im Prinzip nur für eine bestimmte Zeit oder aber phasenweise.

---

[1] *Joseph Karol:* Every Day Lakota. An English-Sioux Dictionnary for Beginners, *1971.*
[2] *John C. Ewers:* Plains Indian Sculpture, Smithsonian Institution Press, *1986.*

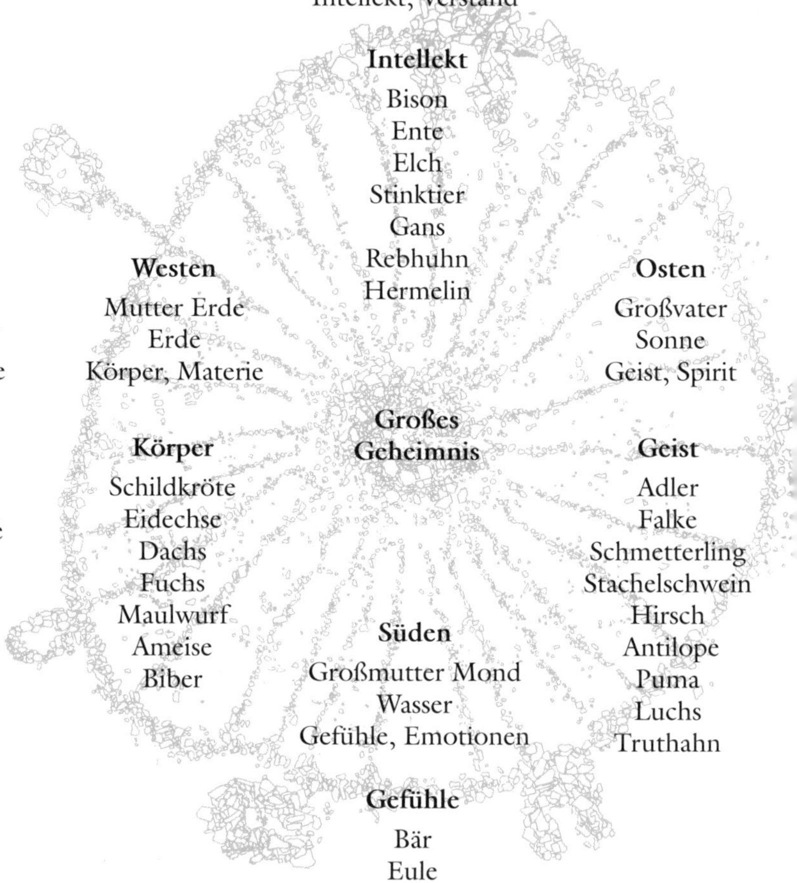

Norden

Morgenstern
Luft
Intellekt, Verstand

Intellekt

Bison
Ente
Elch
Stinktier
Gans
Rebhuhn
Hermelin

Westen

Mutter Erde
Erde
Körper, Materie

Donner

Schwalbe
Libelle
Rabe
Spinne
Pferd
Schlange
Hund

Körper

Schildkröte
Eidechse
Dachs
Fuchs
Maulwurf
Ameise
Biber

Großes Geheimnis

Osten

Großvater
Sonne
Geist, Spirit

Geist

Adler
Falke
Schmetterling
Stachelschwein
Hirsch
Antilope
Puma
Luchs
Truthahn

Süden

Großmutter Mond
Wasser
Gefühle, Emotionen

Gefühle

Bär
Eule
Kaninchen
Wolf
Otter
Maus
Koyote

*Hintergrundabbildung: Zeichnung des Medizinrades von BigHorn.
Don Grey, 1958.*

Donner Westen

Donner
Blitz

Totem

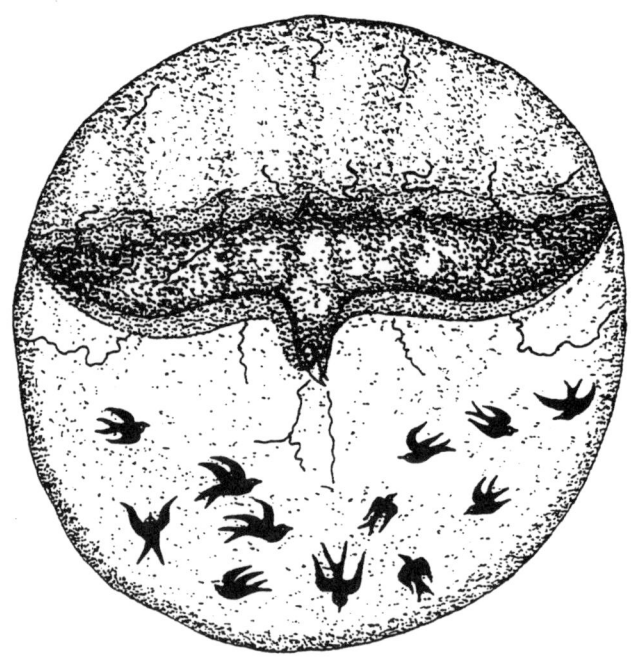

Ritualtrommel eines Prärieindianers mit der Zeichnung
des Blitze speienden Donnervogels

NAPCA
DIE SCHWALBE

Napca jagt im Flug. Es heißt, sie fliege so schnell, daß nicht einmal der Blitz sie treffen könne.

Die Schwalben der kalten und gemäßigten Klimazonen ziehen bei den ersten Anzeichen des nahenden Winters in großen Schwärmen in mildere Gefilde, um im Frühling wieder zurückzukehren. Während die europäischen Schwalben in Afrika überwintern, zieht es ihre nordamerikanischen Artgenossen nach Zentralamerika und sogar bis nach Chile und Nordargentinien.

Hat Napca ihren Partner gewählt, bauen oder erneuern sie gemeinsam ihr Nest. Während die einen ihre Kunstwerke aus Lehm an Fels- oder Hausmauern kitten, siedeln sich wieder andere in Baumhöhlen oder Kreidefelsen an oder graben ihr Nest gar in den Sand. Herr Napca ist seiner Gattin bei dem Ausbrüten der zwei bis vier Eier behilflich. Nach etwa zwei Wochen schlüpfen die Kleinen, die bereits drei Wochen später zu fliegen beginnen. Das Weibchen legt bis zu

31

Totem

drei Mal pro Jahr Eier, wobei sie nicht zögert, die letzten Jungen Zuhause zu lassen, wenn diese nicht für die große Reise bereit sind.

Napca verläßt uns bei einer Tag-und-Nacht-Gleiche und kehrt bei der nächsten verläßlich wieder aus dem Süden zurück. Deshalb steht sie auch für Wiedererneuerung, Beständigkeit, Treue und auf Grund ihrer mehrmaligen Gelege auch für Fruchtbarkeit.

 Negative Eigenschaften: Zerstreutheit

Positive Eigenschaften: Erneuerung, Beständigkeit, Treue, Fruchtbarkeit

Indianische Namen: Swallow Bird, Little Bird, Cloud Bird

Federopfer am Wasserfall.
Man erhofft sich davon den Segen der Wolkengötter.
Foto E. S. Curtis.

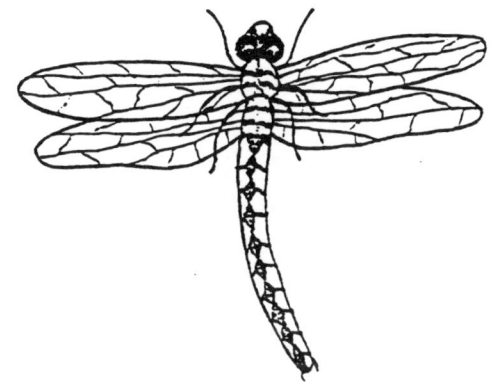

Tuzweca
die Libelle

Tuzweca, die "schnelle Fliege", verschlingt die kleinen Insekten, die ihr zu nahe kommen. Nach der Befruchtung legt das Weibchen seine Eier ins Wasser von Teichen, Seen oder Flüssen. Schon die Larven sind Fleischfresser und bevorzugen Kaulquappen. Sie verfügen über Kiemenatmung und können sich problemlos auf Schlamm oder Wasserpflanzen fortbewegen. Sie verwandeln sich zehn Mal, bevor sie erwachsen sind.

Schließlich entpuppt sich die fertige Libelle und klettert eines Abends aus dem Wasser. Erst an der Luft der Morgendämmerung findet die letzte Metamorphose statt, in der sie endlich die über Nacht gehärteten Flügel entfaltet.

Dieses elegante Fräulein hat ein rundes Köpfchen, große Augen und einen schmalen Körper. Ihre beiden gold durchscheinenden Flügelpaare tragen sie knapp über das silbern glänzende Wasser.

Nicht zuletzt deshalb gehört sie ins Reich des Regenbogens, der nach dem Gewitter erscheint. Der Schleier ihrer Flügel steht für die Illusionen unserer Existenz. Zugleich ist Tuzweca das Symbol des Wandels und eines langen Lebens.

Früher gab es Libellen mit einer Spannweite von bis zu 70 Zentimetern.

 Negative Eigenschaften: Illusion

Positive Eigenschaften: Symbol des Wandels, Symbol eines langen Lebens

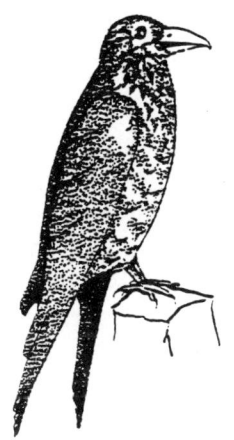

KANGI
DER RABE

Raben sind Aasfresser wie die Wölfe, was sicherlich das Seine zu ihrem etwas unheimlichen Ruf beigetragen hat. Kangi ist jedoch ein intelligentes und einfallsreiches Wesen. Nüsse oder Muscheln mit einem Stein aufzubrechen, stellt kein Problem für ihn dar. Seine Luftakrobatik macht er ganz offensichtlich nur zum eigenen Vergnügen. Raben bleiben ihrem Partner das ganze Leben lang treu.

Kangi ist der Vogel des Krieges, aber auch der Voraussicht, des Schutzes und des Mutes, denn schwarz ist die Farbe der Urweisheit. Er ist Bote und Führer auf dem Wege der Wiedererneuerung. Er ist das Medizintier schlechthin, da er in die verborgenen Welten reist und seinen heilenden Rat in Form von Visionen erteilt.

Ist sein Gefieder auch schwarz, so spiegelt es doch die Farben des Regenbogens. Er sieht im Dunkeln und warnt die Kräfte des Lichts vor möglichen Angriffen.

Totem

Früher trugen die Kangi Yhua Krieger einen toten Raben um den Hals. Sie waren für die Beobachtung der Bisonwanderungen zuständig und wählten den geeigneten Ort für das Winterlager.

Einst soll der Rabe weiß gewesen sein. Als Freund des Bisons flüsterte er ihm auf seinen Hörnern sitzend Warnungen vor den Angriffen der Jäger ins Ohr. So entschlossen sich die erfolglosen und hungrigen Jäger eines Tages, ihn zu fangen und zu verbrennen. Doch entkam der schon halb verkohlte Rabe knapp diesem Tod, indem er den Menschen versprach, keine anderen Tiere mehr vor ihnen zu warnen. Schade, vielleicht hätte das den Bisons das Abschlachten durch die Weißen erspart... Wie dem auch sei, seither ist das Federkleid dieses Vogels rabenschwarz.

 Negative Eigenschaften: aggressiv und räuberisch

Positive Eigenschaften: Erneuerung, Heilung, vorausschauend, mutig

Indianische Namen: Bird On The Ground, Raven Blanket, Black Bird

Potlach der Tlingit, 1904. Inmitten der Mitglieder des Silberlachs-Clans steht ein Mann, der den Hut des "Reisenden Raben" trägt. Man beachte auch die Gesichtstätowierungen und die Piercings.
Foto American Museum of Natural History.

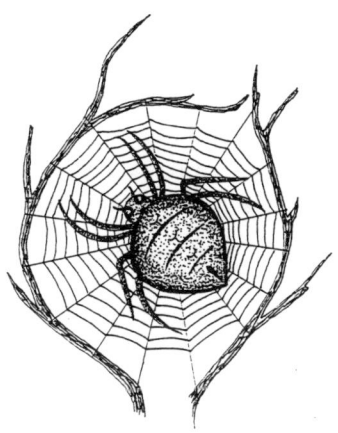

Iktome
die Spinne

Die Spinne baut ihr Netz aus den Seidenfäden ihrer Unterleibsdrüsen. Diese Seide dient ihr jedoch nicht nur zum Nahrungsfang, sondern auch zum Schutz ihrer Eier, die sie damit in Kokons einwickelt.

Sie ist geduldig, arbeitsam, geschickt, verfügt über eine ausgezeichnete Beobachtungsgabe und spinnt das Netz der Illusionen der Vergangenheit, der Gegenwart und der Zukunft.

Iktome rühmt sich, Sonne, Mond und Sterne geschaffen zu haben. Daher hilft sie auch bei der Verwirklichung von Projekten. Auch den Zerfall und sogar den Tod soll sie erfunden haben. Ist ihr Netz keine tödliche Falle? Ihre schlechten Scherze sollen uns die Augen für die Realität öffnen.

Ihr in den vier Himmelsrichtungen befestigtes Netz fängt die Tropfen des Morgentaus. Weder Blitz noch Pfeil können ihr Schaden anhaben. Sie symbolisiert Harmonie und Symmetrie. Sie spinnt den Leitfaden auf dem Weg durchs Universum.

Es ist also kein Zufall, wenn die bekannten Dream Catcher (Traumfänger) ein Spinnennetz nachahmen. Die schlechten Träume sollen in ihnen gefangen werden und am Morgen durch das Tageslicht zerstört werden. Die guten Träume hingegen können durch das Loch in der Mitte hindurchschlüpfen und so zum Träumenden gelangen. Manche Sonnentänzer blicken durch diese Traumfänger in die Sonne, um eine Vision zu erhalten.

Das Netz der Iktome wurde auch auf die Tragetücher für Kleinkinder gestickt, da es nicht nur das Paradies symbolisiert, sondern zugleich vor jeder bösen Absicht schützt.

Die Spinne spielt auch eine wichtige Rolle im Ritual der Schwitzhütte. Werden die heißen, von der Liebe des Großvaters Sonne befruchteten Steine vom Feuer in die Kuppel der Sweat Lodge getragen, so wird symbolisch nachvollzogen, wie die Spinne ihre Jungen aus der Schöpfungskraft des Feuers in ihr Netz unter dem Himmelsfirmament mit all seinen Planeten beförderte.

Die Steine kommen aus dem Feuer auf die Erde. Die Grundelemente der Alchimie sind vollständig, sobald sie mit der Urmaterie Wasser und dem Lebensprinzip der Luft in Kontakt gelangen. Die Spinne wird deshalb oft durch zwei Mal drei Steine symbolisiert, die zu beiden Seiten des Feuers liegen.

 Negative Eigenschaften: berechnend und verschlingend
Positive Eigenschaften: geduldig, arbeitsam, harmonisch.

Spinnenzeichen der Osage.
Es wurde Ehrenfrauen auf
den Handrücken tätowiert.

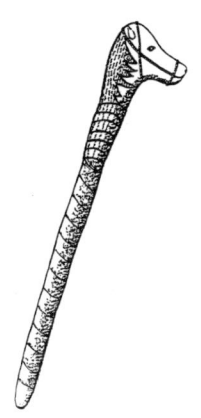

SUNKAWAKAN
DAS PFERD

Die heute in Nordamerika lebenden Wildpferde stammen alle von ehemals gezähmten Pferden ab, die wieder freigelassen wurden. Sie leben in von einem Leithengst angeführten Gruppen.

Das Pferd bringt Leben und Tod wie der Blitz. Treffen seine runden Hufe auf den Felsen, entsteht der Funke des Blitzes, doch bieten sie keinen besonders guten Halt. Sunkawakan fliegt eher über die Erde und symbolisiert so Freiheit, Macht und Ausdauer.

Diese fruchtbare Kraft entspricht der Erhabenheit der Macht der Seele. Reitet man auf einem Pferd, so ist dies eine Form der Kommunion mit Gott. Man fliegt gleichsam zwischen Erde und Himmel dahin.

Das Pferd war der Führer schlechthin. Deshalb konnte es durchaus vorkommen, daß ein Pferd beim Ableben seines Besitzers geopfert wurde, damit seine hellsichtige Seele jenem helfen konnte, den Weg in die Andere Welt zu finden. Sunkawakan ist das Tier der Venus.

Bevor die Pferde in den großen Prärien auftauchten, legten die Indianer nicht mehr als 10 Kilometer pro Tag zurück. Die Größe des persönliches Besitzes hing von der Belastbarkeit der Frauen und Hunde ab. Die Männer trugen nichts, denn sie hatten für eventuelle Angriffe bereit zu sein.

Die Indianer hingen nicht nur aus diesem Grund sehr an ihren Pferden. Sie besangen ihre Vorzüge und schufen Skulpturen für die, die im Kampf getötet wurden. So lautete das Kriegslied von Brave Buffalo z.B. "kola mitasunke kinyan yan in yanke lo": "Mein Freund, mein Pferd, im Galopp fliegst Du wie ein Vogel."

Sunk'ska yanka war eine Gruppe alter Krieger, die auf Schimmeln ritten und deren Parade allgemein bestaunt wurde.

Der Pferdediebstahl war Gegenstand zahlreicher Überfälle und Stammeskriege. Die Sioux verdanken dem Pferd einen großen Teil ihres Einflusses.

Gefangennahme von Mustangs. Eine Zeichnung von Sitting Bull [3]

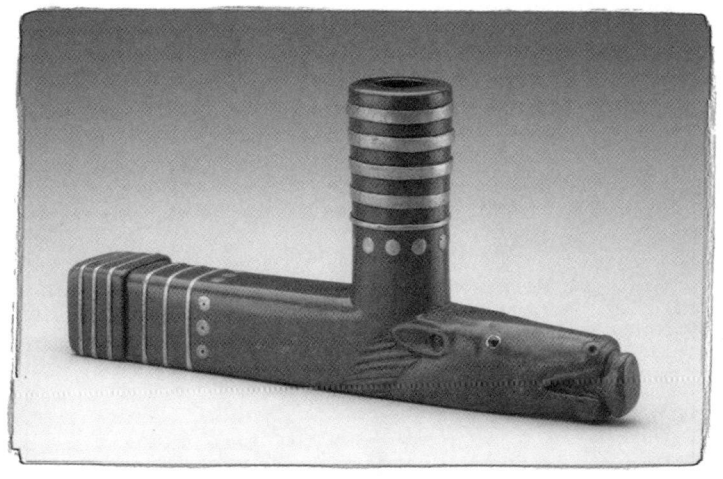

Pfeifenkopf der Lakota, um 1850.
Catlinit mit Einlagen aus Blei und Glasperlen.
Detroit Institute of Arts.

Der Knauf der Wanderstäbe der Medizinmänner wurde mit einem Pferdekopf verziert. Der Ritt symbolisierte ja das Verlassen des Körpers auf ihrer Seelenreise, aber auch den mystischen Tod und den Kampf des Lichtes gegen die Welt der Schatten.

 Negative Eigenschaften: Starrsinn

Positive Eigenschaften: Freiheit, Macht, Ausdauer, fruchtbare Kraft, Erhabenheit der Macht der Seele.

Indianische Namen: Crazy Horse, American Horse, Horse Capture, Horse With Horns, Running Horse, Pretty Horse, Spotted Horse, Fast Horse, Eagle Horse, Black Horse, White Horse, Yellow Horse, Horse Comes Out, Shot His Horse, Horned Horse, Horse The Clothing

41

Tänzer des Pferdeschwanztanzes, Taos, New Mexico.
Foto Rolf Tietgens.

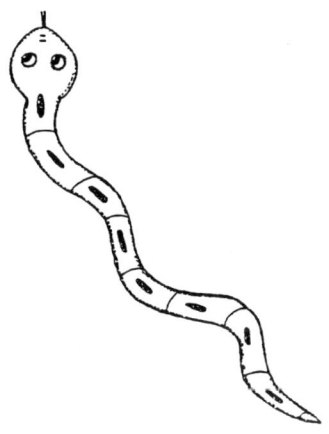

Zuze'ca
die Schlange

Es wird erzählt, die Reptilien hätten vor Millionen von Jahren Federn besessen und einige von ihnen seien geflogen.

Gleich ob eierlegend oder lebendgebärend, ob giftig oder nicht, der "Pfeifer mit dem Pfeilkopf" ist ein großer Jäger von Nagetieren.

Zuze'ca ist nicht nur eine Botin, die Nachrichten um die ganze Welt trägt, sondern steht zugleich auch für Kraft und Fruchtbarkeit. Sie versinnbildlicht die angeborene Weisheit, Selbstgenügsamkeit, den Kreis des Lebens und die Wolke, die den alles belebenden Regen in sich führt.

Sie ist Erneuerung, Verwandlung und Wiedergeburt, wie es schon ihr häufiges Häuten andeutet. In ihrer Form vereint sie Körper und Geist, weshalb ihr im Jenseits auch die Aufgabe zukommt, das göttliche Recht zu sprechen.

Zuze'ca ist die Lebensenergie der Heilung, kurz die Erkenntnis schlechthin.

Ihre Zunge speit Feuer und ihr Körper ist der Regenbogen, der Himmel und Erde vereint. Die Weiße Schlange ist die Hüterin unseres Planeten. Medizinmänner mit bösen Absichten rufen deshalb auch nicht sie, sondern die Schwarze Schlange an.

Zuze'ca ist jedoch nicht heimtückisch und verkündet ihre Anwesenheit durch das Klappern ihres Schwanzes.

 Negative Eigenschaften: Immobilität und Ignoranz

Positive Eigenschaften: Kraft, Fruchtbarkeit, Kreis des Lebens, Weisheit, Selbstgenügsamkeit, Erneuerung, Wiedergeburt

Indianische Namen: Tatoo Serpent

Tanzstab der Sioux mit einem auf einer Schlange sitzenden Vogel.
Smithsonian Institution [4]

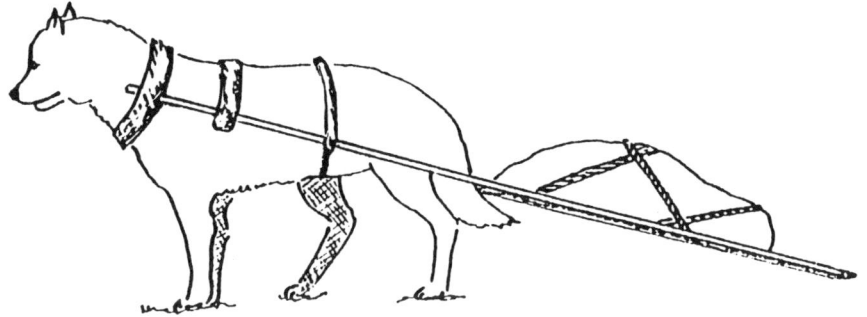

SUNKA
DER HUND

Der Hund war einer der ersten Begleiter des Menschen. Doch begleitet und beschützt er ihn nicht nur in dieser, sondern auch in der Anderen Welt. Sunka ist die bedingungslose Liebe, die Treue und die Aufrichtigkeit.

Der Hund fühlt magnetische Ströme und leitet elektrische Ströme weiter. Der magnetische Fluß wird durch den Klang verstärkt und verströmt. Er wird wie das Licht von Eis oder Kristall gespiegelt. Bei den Yuwipi und Olowanpi Ritualen, in denen es ganz besonders auf Schwingungen ankommt, werden deshalb Spiegel und Glas bedeckt, um zu verhindern, daß das Energiefeld formloser Geister gespiegelt werden kann.

Der Hund darf bei Ritualen der Lakotas nicht teilnehmen, da er die Geister wittert. Nach den oben angeführten Ritualen wird Hundefleisch verzehrt. Der Hundekopf wird herumgereicht und jeder nimmt ein kleines Stückchen davon. Dann wird das restliche Fleisch aufgeteilt. Seine Knochen werden nach der Feier vergraben. Der eigens zu diesem Zweck aufgezogene Sunka wird erwürgt, damit seine Seele, d.h. sein Atem nicht entkommen kann und sein Geist sich auf die Suche nach den Donnerwesen machen kann.

In einem bestimmten Tanz muß der Heyoka – der das Gegenteil verkörpert und den Lebensweg rückwärts gehen kann, um in die Urmaterie zurückzugelangen – das kochende Hundefleisch mit bloßen Händen aus dem Kochtopf holen.

Der telepathisch und hellseherisch veranlagte Hund nimmt sehr subtile Ebenen wahr. Er dient dem Menschen auch als eine Art Blitzableiter, d.h. er kann dessen Krankheiten übernehmen.

Sunka wacht mit Tate über die Milchstraße, den Weg, den alle Verstorbenen zu gehen haben.

Der Hund war schon immer ein wichtiger Gefährte der Prärieindianer gewesen. Er spielte mit den Kindern, warnte vor feindlichen

Lager von Sioux in der Nähe von Fort Laramie
Zeichnung von Colonel Heine [6]

Pfeife der Santee Sioux aus dem 19. Jahrhundert
Smithsonian Institution [5]

Angriffen, wärmte in den eisigen Wintern und trug die Lasten, bevor man sich dazu der Pferde bedienen konnte. Die "Dog Soldiers" wachten über den Stamm. Ihnen oblag es, die Bräuche aufrecht zu erhalten und die allgemeine Sicherheit des Lagers zu gewährleisten.

Negative Eigenschaften: Bosheit und Aggressivität

Positive Eigenschaften: telepathisch, hellseherisch, Aufrichtigkeit, Begleitung und Schutz

Indianische Namen: White Dog, Dog Woman, Dog Eagle, Low Dog, Long Dog, Dog With Good Voice

*Zwei Blackfoot mit travois. Bevor Pferde zur Verfügung standen,
wurden travois von Hunden gezogen.
Foto E. S. Curtis.*

---

[3] *George Fronval : La fantastique épopée du Far West, Nr. 2*

[4] *John C. Ewers : Plains indian Sculpture, Smithsonian Institution Press, 1986.*

[5] *Ibid.*

[6] *George Fronval : La fantastique épopée du Far West, Nr. 1*

Westen

SCHWARZ

MUTTER ERDE

ELEMENT ERDE

KÖRPER

Tanzkappe der Karok, Nordkalifornien, 19. Jhd.
Hirschleder mit rotschaftigen Goldspechtfedern, deren Spitzen
mit den gelben Brustfedern des Finken verziert sind.
Peabody Museum of Archaeology and Ethnology,
Harvard University, Cambridge.

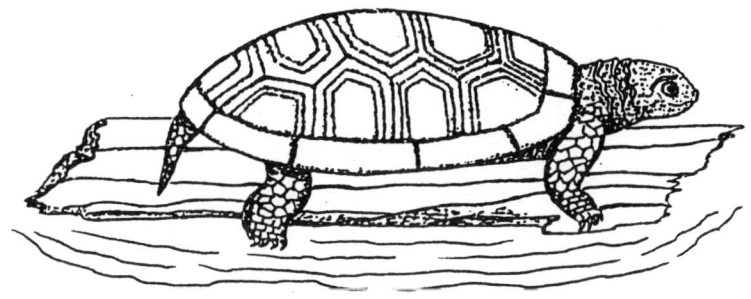

KEYA
DIE SCHILDKRÖTE

Ganz gleich, ob die Schildkröte auf der Erde, im Süßwasser oder im Salzwasser lebt oder mit Krallen oder Flossen ausgestattet ist, sie legt immer Eier. Manche Arten fressen nur Pflanzen, andere auch Fleisch oder Fische. Bestimmte Arten können mehr als 200 Jahre alt werden.

Ihre Langsamkeit wird als Zeichen der Überlegung in der Schöpfung verstanden. Sie trägt die Erde auf ihren Schultern und ist die Stabilität schlechthin. Ihre Ausdauer ist legendär. Sie schläft oder versteckt sich in der Dunkelheit ihres Panzers. Streckt sie ihren Kopf daraus hervor, bedeutet dies Akzeptanz. Sie ist eng mit den Kräften der Frau verbunden, da sie alles hört und nichts sagt.

Aus ihrem Panzer werden Klappern angefertigt. Die Mütter der Lakotas legen die in der Sonne getrocknete und zu einer Spirale gerollte Nabelschnur zum Schutz des Kindes in eine lederne, mit Perlen bestickte und mit Salbei gefüllte Schildkröte. Dies soll das Kind in seinen ersten Jahren beschützen und ihm ein langes Leben bescheren.

Geistertanzhemd der Arapaho, Ende 19. Jhd.
Bemaltes Hirschleder mit Krähenfedern.
Die aufgemalten Motive (Schildkröte, Sterne, Vögel,
Mensch mit Pfeife und Feder) verdeutlichen die Vermischung
traditioneller Motive mit Motiven aus der Geistertanzbewegung
des Medizinmanns Wovoka.
Buffalo Bill Historical Center, Cody.

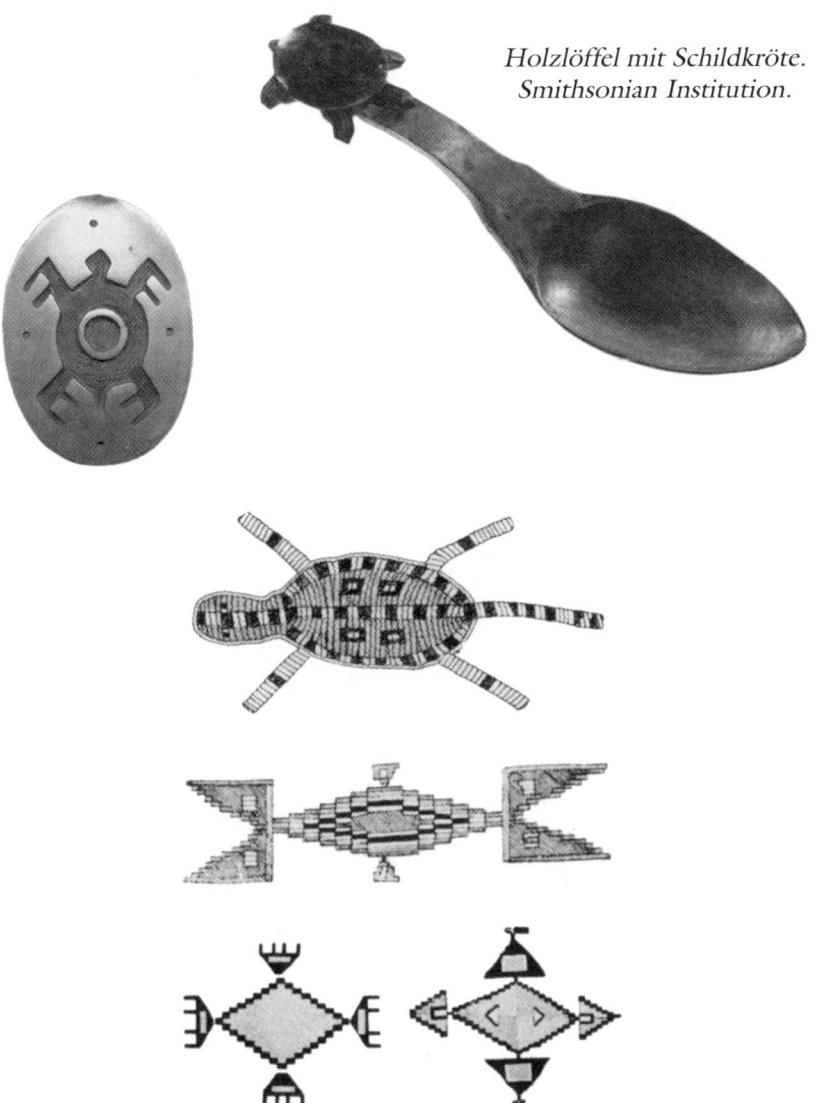

Holzlöffel mit Schildkröte.
Smithsonian Institution.

Nabelkästchen und Schildkrötenmuster.

Als die Erde noch ganz von den Wassern der großen Sintflut bedeckt war, tauchte die Schildkröte am längsten und tiefsten, um Schlamm vom Meeresgrund an die Oberfläche zu bringen. Der Schöpfer glättete ihn mit einer Adlerfeder worauf die Erde sich ausdehnte und eine große Insel, den amerikanischen Kontinent formte.

 Negative Eigenschaften: Immobilität und Starrsinn

Positive Eigenschaften: Langsamkeit, Stabilität, Ausdauer, mit den Kräften der Frau verbunden

Trommeln der Mandan in Form einer Schildkröte.
Foto E. S. Curtis.

AGLESKA
DIE EIDECHSE

Eidechsen gibt es in allen Größen und Farben. Sie sind Fleisch- und Insektenfresser. Sie lieben Verdauungsschläfchen auf warmen Felsen.

Die Eidechsen sind die letzten Stellvertreter der ausgestorbenen Welt der Drachen. Agleska ist ihrer Schwester, der Schlange eng verwandt. Beide schlafen gerne in der Tiefe der Mutter Erde und kommen hervor, sobald Großvater Sonne herrscht. Dieser begnadete Kletterer lebt gerne in Kolonien.

Nach dem Winterschlaf, den sie in kälteren Regionen einlegen, kämpfen die Männchen um die Weibchen. Manche Eidechsen legen Eier, andere wiederum sind Lebendgebärer. Auch die Anzahl der Jungen bzw. der Eier, die in einem geschützten Erdloch gelegt werden, hängt ganz von der Art ab. Sie tragen meist mehrere Monate.

Es ist also keineswegs ein Zufall, daß der Schläferin Agleska die Rolle der Träumerin zukommt, die über die Kraft verfügt, das Negative zum Positiven zu wandeln. Daher ist sie auch das Symbol der

Seelenwanderung und Wiedererneuerung. Wächst nicht auch ihr Schwanz nach dem Verlust wieder nach?

Die Mütter der Lakotas füllen eine lederne, perlenbestickte Eidechse mit Präriekraut. Diese Attrappe soll schlechte Einflüsse von der Schildkröte ablenken, in der die Nabelschnur des Neugeborenen steckt.

 Negative Eigenschaften: Faulheit

Positive Eigenschaften: Seelenwanderin, Träumerin, Wiedererneuerung

HOKA
DER DACHS

Das Fell des stämmigen Dachses ist in Europa schwarzweiß gestreift, während es in Amerika auch braune Dachse gibt. Er gehört zu den wenigen Tierarten, die auf den Sohlen gehen. Seine unterirdischen Gänge laufen über mehrere Stockwerke und bilden ein Netz von bis zu 300 Metern Länge. Darin gibt es nicht nur Toiletten zur Reinhaltung des Systems, sondern sogar eine eigene Spielhöhle. Winterschläfer ist er nur in nördlichen Gefilden. Weiter im Süden ist er das ganze Jahr lang unterwegs. Dieses Nachttier ernährt sich von Wurzeln, Pilzen, Honig, Weichtieren, Fröschen und kleinen Säugern.

Herr Dachs lernt seine Gattin zwar schon im Sommer kennen, doch wird das Nest erst im "Hungermonat" Februar gebaut, wo die Jungen etwa zwei Monate später zur Welt kommen und einige Wochen lang gestillt werden.

Hoka ist listig, stark, tapfer, schnell, effizient, zäh. Er ist ein mächtiger Krieger und Heiler. Als Hüter der Wurzeln kennt Hoka alle Pflanzen, ganz besonders die Heilpflanzen für Kinder. Deshalb bedeutet der Traum von einem Dachs Einsicht in die Krankheit oder die Verletzung eines Kindes sowie dessen Heilung.

Hoka ist ein Freund des Fuchses, dem er gelegentlich auch einen Nebenraum für den Mittagsschlaf zur Verfügung stellt.

In bestimmten Kriegerstämmen galt Hoka als der Beschützer schlechthin.

Beutel aus Dachshaut und seine Krallen gelten als starke Heilmittel.

 Negative Eigenschaften: Macht, Gewalt und Zorn
Positive Eigenschaften: Tapferkeit, List, schnell, effizient, Wissen über die Heilpflanzen für Kinder

SUNGILA
DER FUCHS

Der lustige und intelligente Fuchs zögert keinen Augenblick sich tot zu stellen, um eine Krähe für sein Abendmahl anzulocken.

Sungila paßt sich ausgezeichnet an seine Umwelt an. Er ist vor allem nachts unterwegs und ruht sich tagsüber in seinem Bau aus. Außer in der Paarungszeit lebt er alleine und unabhängig. Die Füchsin trägt etwazwei Monate und bringt etwa vier Junge zur Welt. Das Männchen kommt seiner Vaterrolle mit viel Aufopferung nach. Seine Beute – Vögel, Wirbellose, Obst und Beeren – legt er unweit des Baus ab. Außer vor dem Menschen hatte der Fuchs sich nur vor Wolf und Luchs zu hüten.

Sungila ist listig, schlau und spiegelt unsere Widersprüchlichkeiten wider, wodurch er scheinbar unsichtbar wird. Er weiß sich also nicht nur recht feinsinnig anzupassen, sondern auch ausgezeichnet zu tarnen. Vielleicht gilt er deshalb als Spiegel des menschlichen Bewußtseins.

Der Fuchs ist ein wagemutiger Krieger. Als Beschützer der Familie und des Volkes ist er der Hüter der Sicherheit.

Die Fuchskrieger zählten früher die meisten Mitglieder. Sie hatten die Schutzlosen, Frauen und Kinder zu verteidigen und den Aufbruch von einem Lager ins Nächste zu überwachen.

Die heiligen Pfeile der Cheyenne wurden in einem Medizinbeutel aus Fuchshaut aufbewahrt.

Der Nachtwandler Sungila ist ein Tier des Mondes.

 Negative Eigenschaften: Zerstörung, Furcht

Positive Eigenschaften: Schläue, Anpassungsvermögen, Listigkeit, Hüter der Sicherheit und der Familie

Indianische Namen: Black Fox, Fox

"Wenn wir miteinander reden, kommt er
und setzt sich hin wie ein Mensch."
Frank Fools Crow, Medizinmann, Zeichnung T. E. Mails

WAHINHEYA
DER MAULWURF

Die nahezu blinden Augen des Maulwurfs sind hinter dicken Wimpern versteckt, die nur einen ganz schmalen Sehschlitz freilassen. Sein Kopf wird hingegen beherrscht von einer spitzen Schnauze, die sich kräftig in die Erde zu bohren versteht, die dann mit den Krallen der kräftigen Arme beiseite und schließlich an die Oberfläche geschafft wird, um Gänge und Sackgassen zum Luftvorrat zu bilden.

Wahinheya ernährt sich von Würmern, Insekten und deren Larven. Der durch ihn verursachte Schaden an Wurzeln ist eigentlich geringfügig. Bei Frühlingsbeginn empfängt das Maulwurfpaar nach einmonatiger Trächtigkeit zwei bis fünf Junge in einem mit Blättern ausgelegten Nest.

Wahinheya kennt jeden Atemzug der Mutter Erde, deren Stellvertreter er ist. Mag er am Tageslicht auch blind sein, so sieht er doch im Labyrinth der Unterwelt und kennt die Wurzeln aller Dinge. Er kennt die Heilkräfte des Körpers und des Geistes sowie die Kraft der Selbstheilung.

Die feine von ihm aufgewühlte Erde ist rein und frei vom Schmutz der Welt. Daher wird sie von den Lakotas zum Bau bestimmter Altäre verwendet. Weder eine Schwitzhütte noch ein Tipi würde jemals in der Nähe von oder gar auf einem Maulwurfshügel errichtet werden. Ein solcher Hügel wird vielmehr auf dem Weg Unci errichtet, der zur Schwitzhütte der Lakotas führt.

 Negative Eigenschaften: Blindheit, Verschlossenheit

Positive Eigenschaften: Kennt die Wurzeln aller Dinge, die Heilkräfte des Körpers, Kraft der Selbstheilung

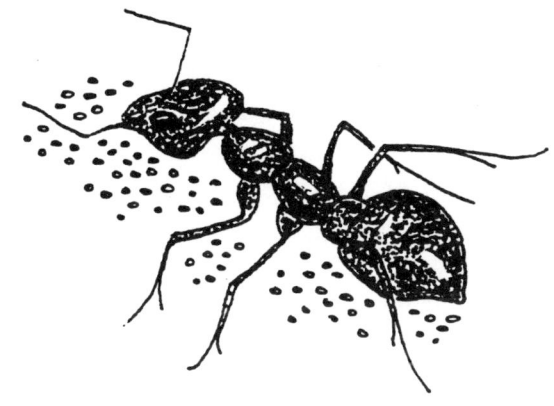

Tazuska
die Ameise

Die Ameise kennt alle vorhersehbaren Dinge. Ihre Familie besteht aus unfruchtbaren Arbeiterinnen, Männchen, die nur für die Zeit der Befruchtung leben und Weibchen, die als Königinnen die Nachkommen zu gebären haben.

Nach einem mehrstündigen Flug gründen die Königinnen allein oder mit ihren Arbeiterinnen ein neues Nest. Letztere kappen den Königinnen bald nach ihrer Ankunft die Flügel, bauen das Nest, ernähren die Larven und verteidigen die Kolonie. Die Bewohner eines Ameisenhaufens hängen voneinander ab und helfen einander. Dazu bedarf es weder einer Autorität noch irgendwelcher Konflikte. Der Ameisenhaufen symbolisiert die Energie, die im Bauch der Mutter Erde kreist.

Die emsige, vorsorgliche, geduldige und fruchtbare Ameise ist der Inbegriff der Weiblichkeit. Sie besucht das Innere der Mutter Erde und bringt kleine Erdkügelchen ans Tageslicht. Diese Kügelchen werden in den Rasseln der Lakotas verwendet: Für die Beschwörung von Pflanzengeistern bedarf es 104 davon, während der Geist aller Dinge mit 105 Kügelchen "angerasselt" wird. Manchmal finden sich auch kleine Perlen in den Ameisenhaufen. Diese werden an den Kleidern Verstorbener befestigt.

 Negative Eigenschaften: Grausamkeit

Positive Eigenschaften: emsig, vorsorglich, fruchtbar, Inbegriff der Weiblichkeit

Ca'pa
der Biber

Der friedliche und einfallsreiche Biber ist ein unermüdlicher Baumeister. Seine beachtlichen Zähne fällen Weiden und Pappeln, die zum Bau seiner Staudämme dienen. Dabei bedient er sich seines schuppenbedeckten Schwanzes wie einer Schaufel. Dem Weibchen dient der Schwanz als Transportmittel der Jungen. Bei Gefahr schlagen sie damit Alarm auf der Wasseroberfläche und stützen sich auf ihn, um sich aufzurichten. Im Winter hingegen legt er sich zum Schutz gegen die Kälte darauf. Biber reinigen sich gegenseitig das Fell, was den Gruppenzusammenhalt festigt.

Die Ca'pas arbeiten aber auch oft zusammen, um solide Staudämme zu errichten, die den Wasserspiegel konstant halten, so daß sich die Eingänge zu ihren Bauten immer unter Wasser befinden. In diesen Bauten gibt es einen geräumigen Vorratsspeicher, welcher für den Winter angelegt wird. Sie fressen vor allem Rinde von Espen, Birken und Weiden, aber auch Brennesseln und Sauerampfer.

Der Biber ist ein ausgezeichneter Organisator, er versinnbildlicht die Stabilität in der Unbeständigkeit, Ausdauer, Voraussicht und Unterscheidungskraft. Er ist der Vermittler zwischen Erde und Wasser.

Das Fell des Bibers ist wegen seiner Wasserdichte gesucht. Aus dem gekochten Schwanz wurde ein Klebstoff gewonnen, der Farben fixiert. Auch das Fleisch des bis zu 30 kg schweren Tieres war beliebt. Biber werden bis zu 17 Jahre alt.

 Negative Eigenschaften: Verschlossenheit, Zerstörung

Positive Eigenschaften: Organisationstalent, Stabilität, Ausdauer, vorausschauend, Unterscheidungskraft

Indianische Namen: Red Beaver

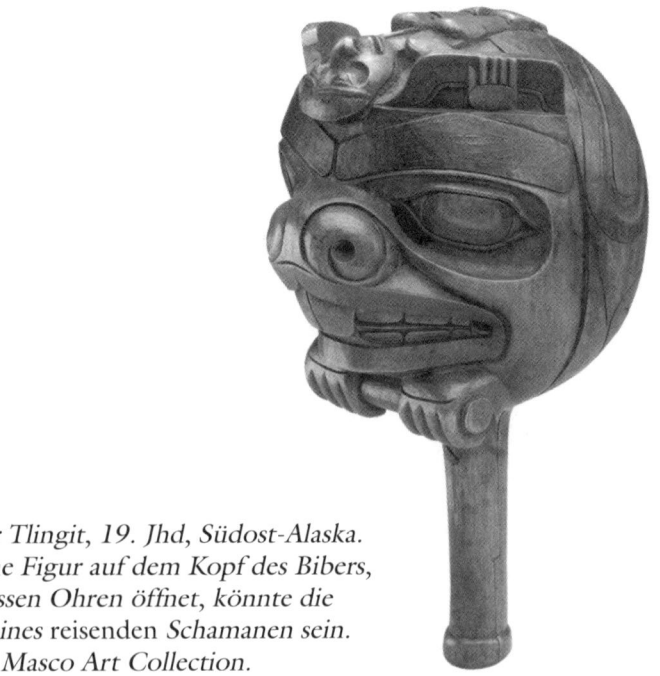

Biberrassel der Tlingit, 19. Jhd, Südost-Alaska.
Die menschliche Figur auf dem Kopf des Bibers,
die auch dessen Ohren öffnet, könnte die
Darstellung eines reisenden Schamanen sein.
The Masco Art Collection.

Norden

Rot

Morgenstern

Element Luft

Intellekt

Büffeltanz.
Zeichnung von G. Catlin.

Tänzer des Büffeltanzes mit typischem Kopfschmuck.
Foto E. S. Curtis.

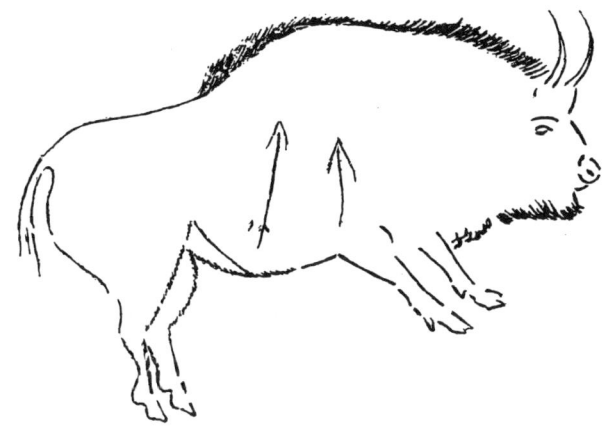

TATANKA
DAS BISON

Tatanka steht für Reichtum, Überfluß, Fruchtbarkeit und Kraft.

In der Überlieferung der Lakotas heißt es, das Bison sei zur selben Zeit wie der Mensch geschaffen worden. Ja, es sei das Prinzip der Schöpfung selbst.

Das Weibchen trägt sein Junges 9 Monate lang und säugt es anschließend etwa ein Jahr. Die jungen Bisons bleiben 2 bis 3 Jahre bei ihrer Mutter. Die Bisons äsen morgens und abends. In der restlichen Zeit käuen sie wieder, ruhen sich aus oder rollen sich in Lehm oder Staub, um den Parasiten Herr zu werden. In Europa fraß das Bison auch Blätter, Farne, Rinden und Eicheln.

Tatanka wählt immer den kürzesten Weg zwischen zwei Punkten. Ein altes Weibchen führt die Herde an. Die Indianer folgten den Bisons, die ihr ganzes Leben bestimmten. Die Bisonjäger der Sioux trugen nur einen Lendenschurz, um möglichst beweglich zu sein. Manchmal versteckten sie sich unter Wolfsfellen, um sich einer Herde leichter unbemerkt nähern zu können. Tatanka gehört dem Wirbelsturm an, der entsteht, wenn er ungeduldig mit den Hufen schabt. Er scheint friedlich und träge, kann jedoch ungeheuer agil sein.

Alle Teile des Bisons wurden verwertet. Sein Fleisch und seine Innereien wurden gegessen. Aus den Knochen stellte man Werkzeuge her. Seine Sehnen wurden als Zwirn benutzt, seine Haut wurde zu Kleidern, Tipiüberzügen oder Reisesäcken verarbeitet. Aus den Hufen stellte man Klebstoff her. Die Fladen waren ein willkommenes Brennmaterial. Das Haar wurde zu Seilen geflochten oder in Bälle gestopft. Die Rippen wurden als Schlittenkufen verwendet. Zierten die Hörner nicht gerade den Kopfschmuck eines Medizinmannes, so wurden auch sie zu Gebrauchsgegenständen verarbeitet.

Waldbisons.

Bei Ritualen durfte der Bisonschädel nicht fehlen, um daran zu erinnern, daß sein Geist das Leben selbst ist. Er wird "aktiviert", indem ihm die Hörner wieder aufgesetzt werden. Die erste aus Catlinit hergestellte Pfeife stellte ein Bisonkalb dar. Sie wird mit der aus dem Knie eines kleinen Tieres hergestellten Urpfeife von Arvol Looking Horse in Green Grass, South Dakota aufbewahrt.

Tatanka wäre durch das organisierte Abschlachten der Weißen beinahe ausgerottet worden, überlebte jedoch schließlich in den Nationalparks.

Dem europäischen Bison erging es da noch schlechter. Es wurde erst gegen 1990 wieder in Frankreich ausgesetzt. Im Gegensatz zum amerikanischen Bison, dessen Höcker auf dem Nacken sitzt, befindet sich dieser beim europäischen Bison auf dem Rücken.

Das weiße Bison wird als Götterbote angesehen.

 Negative Eigenschaften: Reizbarkeit und ungezähmte Kraft
Positive Eigenschaften: Reichtum, Überfluß, Fruchtbarkeit und Kraft, Prinzip der Schöpfung
Indianische Namen: Sitting Bull, Slow Bull, Bull Neck, Four Horns, Spotted Bull, Middle Calf, Yellow Bull, White Buffalo, Little Buffalo, Standing Buffalo, Red Bull, Buffalo Horn, Poor Bull, Good Bull

71

Geistertanz-Kleid der Arapaho, um 1890. Bemaltes Hirschleder, Federn.
Buffalo Bill Historical Center, Cody.

MAGA KSICA
DIE ENTE

Die Ente ist ein ausgezeichneter Führer. Sie geht auf Mutter Erde, fliegt am Himmel und schwimmt auf dem reinigenden Wasser. Kommt Maga Ksica aus den gemäßigteren Gefilden wieder in den Norden zurück, so symbolisiert sie eine unerwartete Wiedererneuerung und bringt Hoffnung und Leben.

Ist die Ente jahrein, jahraus braun, so trägt der Erpel das dezentere Kleid nur im Winter. Das Entenpaar wiederholt jedes Jahr seine Hochzeitsfeier mit ebenso langen wie komplexen Paraden, in denen das Reinigen der Flügel einen bedeutenden Stellenwert einnimmt. Wenn die Ente ihre 8 bis 10 Eier in ihr Nest am Boden legt, schnattert sie kräftig. Dann wird etwa einen Monat lang gebrütet. Das Männchen verläßt sie, um sein buntes Frühlingskleid mit einem diskreteren zu tauschen.

Steckt die Ente das Köpfchen ins Wasser und das Schwänzchen in die Höh', ernährt sie sich vorwiegend von Wasserpflanzen, Würmern,

Muscheln und Krustentieren. Sein Schnabel weist einen zackigen Rand auf, mit dem die oft recht rutschige Beute besser festgehalten werden kann. Sobald der Schnabel naß wird, wird der Atem angehalten.

Die grünen und goldenen Nackenfedern des Männchens schmücken das Rohrende der Heiligen Pfeife, damit der göttlichen Kraft nur reiner Rauch entgegengeschickt wird.

 Negative Eigenschaften: Gleichgültigkeit

Positive Eigenschaften: Führungskraft, unerwartete Wiedererneuerung, Hoffnung und Leben

Indianische Namen: Feathers, Feather Necklace

Massiver Pfeifenkopf aus Steatit (Speckstein), 200 v. – 400 n. Chr.,
Südosten, mittlere Waldlandzeit.
The Gordon hart Collection, Bluffton.

Ta

DER ELCH

Dieses bis zu drei Meter lange und bereits an den Schultern zwei Meter hohe Tier verkörpert Stärke, Energie und Widerstandskraft. Sein riesiges Geweih kann bis zu 20 Verzweigungen zählen. Ta teilt sein Reich mit dem Luchs, hat sich vor allem jedoch vor Bären und Wolfsrudeln vorzusehen. Er ernährt sich von Büschen, Ästen, Rinden usw.

Der Elch lebt in Horden mit seinen Geschlechtsgenossen, mit denen er sich nur in der Brunftzeit mißt. Dann vollzieht das Männchen den großen Tanz der Schöpfung. Schließlich wählt das anwesende Weibchen denjenigen, dessen Gesang ihr am besten gefallen hat. Die Kraft des Elchs liegt in seinem Körper und seiner Liebe. Die Medizin des Ta läßt die Herzen der Mädchen höher schlagen. Auch wenn sein Verstand sich der Gefahren bewußt ist, fliegen seine Füße der Liebe entgegen. Deshalb gilt Ta auch als Verteidiger der Frauen.

Es wird erzählt, wie ein junger Jäger auf der Fährte eines großen Elchs von einem eigenartigen Laut überrascht wurde. Er sah über

Totem

Löffel mit Elchkopf.
Smithsonian Institution.

Pfeife/Flöte mit geschnitztem Elchkopf.
Smithsonian Institution.

sich einen Grünspecht, diesen Vogel des Donners, auf einem Wachholderast hacken, der ihm kurz darauf vor die Füße fiel. Als er diese improvisierte Flöte an den Mund setzte, zeigte ihm der Wind, wie er aus ihr den Brunftgesang des Elchs erklingen lassen konnte, um so seine Geliebte anzulocken. Seither ziert solche Liebesflöten, die den Liebenden den Zugang ins Reich der Unsterblichkeit ermöglichen, ein Vogelkopf.

Ta hat zwei unvergängliche Zähne, das Zeichen eines langen Lebens. Sie zierten früher Frauenkleider, werden heute jedoch aus Knochen imitiert.

 Negative Eigenschaften: Jähzorniger Zänker

Positive Eigenschaften: Stärke, Energie, Widerstandskraft, Kraft aus Körper und Liebe, Symbol für langes Leben

Indianische Namen: Fast Elk, Elk Head, Sitting Elk, Spotted Elk, Black Elk, Female Elk Boy, Little Elk, Elk Walking With His Voice, White Elk

MAGA

DIE GANS

In der nördlichen Hemisphäre gibt es mehrere Gänsearten. Im Herbst sammeln sie sich zu großen Schwärmen und ziehen in den Süden, wobei sie seit Generationen denselben Flugrouten folgen. Die Weibchen kehren meist wieder an ihren Geburtsort zurück. Die klugen und vorsichtigen Gänse stellen Wachposten um ihr gemeinsames Lager auf, um die Sicherheit der Schar zu bewachen. Maga geht mit ihrem Partner einen Bund fürs ganze Leben ein. Deshalb steht sie auch für die Treue in der Partnerschaft.

Gänse leben in Sümpfen und an Seen mit Waldufern. Sie ernähren sich von Gras und Wasserpflanzen. Zwischen dem Grasmonat April und dem Rosenmonat Juni legt die Gans etwa fünf Eier in ein mit Daunen und Moos gepolstertes Erdnest, die sie dann einen Monat ausbrütet.

Als Botin von Großvater Sonne und Großmutter Mond symbolisiert die Gans die Vereinigung von Himmel und Erde. Als Hüterin

Totem

der Familie strahlt sie vor allem Wachsamkeit aus. Maga bringt die Reinheit der Wiedererneuerung, wenn sie im Frühling in einem großen V wieder aus dem Süden zurückkommt. Daher steht sie auch für den Wandel der Formen oder Charakterzüge, für Regenerierung, Treue und Loyalität. Sie ist die Einheit. Sie ist die Frische eines jungen Mädchens.

 Negative Eigenschaften: Ängstlichkeit

Positive Eigenschaften: Klugheit, vorsichtig, Treue in der Partnerschaft, Wachsamkeit, Frische des jungen Mädchens

Indianische Namen: Wears The Feather, Center Feather, White Plume

Hölzerne Kultrassel, Nordwestküste.

MAKA
DAS STINKTIER

Es verbringt die Tage in seinem Bau und geht in der Nacht auf Jagd nach kleinen Nagern, Vögeln, Eiern und Beeren. Sein seidiges Fell ist schwarzweiß gestreift. Seine Eleganz läßt es auf den ersten Blick harmlos erscheinen, bis es bei den ersten Anzeichen von Gefahr seinen bauschigen Schwanz hebt und mit beeindruckender Treffsicherheit einen erstickend stinkenden Strahl aus seinen Afterdrüsen auf den Angreifer richtet.

Das Stinktier überwintert mit der ganzen Familie in seinem Bau, der meist unter Felsen oder Baumwurzeln liegt. Zu Beginn des Pflanzmonates Mai kommen dort nach viermonatiger Trächtigkeit fünf bis sechs Junge zur Welt.

Maka hat eine ausgezeichnete Kontrolle über seine Bewegungen und ist ungeheuer flink. Es symbolisiert Ausdauer und Mut und offenbart die Kraft der Erde. Deshalb trugen manche Krieger früher Wadenbänder aus Stinktierfell, um ihren Feinden zu zeigen, daß sie

81

nie fliehen würden. Auch die gestreifte Kriegsbemalung erinnerte deshalb an den gestreiften Pelz des Maka und sollte allen Feinden dadurch Angst einjagen.

 Negative Eigenschaften: Verwurzelung
Positive Eigenschaften: Eleganz, Flinkheit, Ausdauer und Mut, Kontrolle über eigene Bewegung
Indianische Namen: Spotted Skunk

Einschlagtuch für ein Medizinbündel. Bemaltes Hirschleder, Stachelschweinborsten, um 1800. Zwei mythische Tiere sitzen im Zentrum, umgeben von kosmologischen Symbolen und einem Zeremonialkreis aus Menschen. Smithsonian Institution.

ZI'CA,
DAS REBHUHN

Das Federkleid der Rebhühner reicht von Weiß über Beige und Rot bis hin zum Schwarz. Männchen und Weibchen unterscheiden sich nicht voneinander. Das Rebhuhn fliegt nur in Ausnahmefällen. Auch das Rebhuhn hält seinem Partner ein ganzes Leben lang die Treue. Meist sind die Hähne jedoch in der Überzahl, und gehen deshalb auch Dreierbeziehungen ein. Leben die Rebhühner auch in Gruppen, so bleiben die einzelnen Paare dennoch bestehen.

Im Pflanzmonat Mai bauen die Hühner ihre Nester in einer im Unterholz vom Männchen ausgegrabenen Mulde, welche sie mit Moos und Blättern polstern. Zusammen brüten sie die 10 bis 15 Eier etwa 24 Tage lang aus. Übernachten Rebhühner auch in Bäumen und Büschen, so ernähren sie sich doch am Boden, wo sie Pflanzen, Insekten und sogar kleine Frösche fressen. Da Zi'ca ein beliebtes Beutetier ist, ist es sehr scheu. Sogar von Raben wird es gejagt.

Totem

Dieses Tier der Erleuchtung mit den runden Augen dreht sich im Kreise, um die Energie der Mutter Erde in sich sammeln und sich dann zum Herzen des Großen Mysteriums erheben zu können. Durch diesen Kreistanz, aber auch durch seine weibliche Energie gehört das Rebhuhn dem Wirbelsturm an. Die Rasseln der Vier Himmelsrichtungen sind mit seinen Federn verziert.

 Negative Eigenschaften: Zerstreuung

Positive Eigenschaften: Erleuchtung, weibliche Energie, scheu

Indianische Namen: Prairie Chicken

Heilige Pfeife, Ojibwa, um 1800. Der Pfeifenkopf ist aus Steatit (Speckstein) und zeigt vier menschliche Gesichter (vier Himmelsrichtungen) und zwei Vögel. Die charakteristische "Windung" des Eschenstieles läßt sich nicht durch Biegen unter Dampfeinwirkung herstellen. Möglicherweise sollen sie die sakralen Kräfte des Tabakrauches sichtbar machen. The Detroit Institute of Arts.

HITUNKASAN
DER HERMELIN

Der neugierige Hermelin behält bei seinem Farbwandel vom winterlichen Weiß zum sommerlichen Rotbraun nur die schwarze Schwanzspitze. Durch diesen Vorteil ist er ein großer Spezialist der Tarnung.

Das Männchen ist fast doppelt so groß wie das Weibchen. Nicht zuletzt deshalb kommt er wohl umhin, bei der Erziehung der drei bis sieben jungen, die im Grasmonat April zur Welt kommen, zu helfen. Schon mit sieben Wochen sind die jungen Männchen größer als ihre Mutter.

Bei der Jagd – im Sommer tagsüber und im Winter bei Nacht – stellt sich der Hermelin gerne auf die Hinterbeine, um die Lage besser überblicken zu können. Er tötet Nagetiere und Vögel durch einen Biß ins Genick, ernährt sich aber auch von Fischen, Flußkrebsen und kleinen Reptilien. Er meidet tiefe Wälder und hält sich lieber an ihren Rändern auf.

Totem

Im Sommer steht Hitunkasan für Lebhaftigkeit und Präzision. Im Winter ist dieser kleine Jäger das Symbol für Reinheit. "Lieber tot als unrein" heißt es in einem Gedicht.

Deshalb wird er besonders in dieser Zeit gejagt. Durch Hermelinfell im Kopfschmuck zeigten die Prärieindianer die Ehrlichkeit ihrer Absichten an.

 Negative Eigenschaften: Täuschung

Positive Eigenschaften: Lebhaftigkeit, Präzision, Symbol der Reinheit, Tarnung, Ehrlichkeit

Indianische Namen: Weasel Tail, Pretty Weasel, Weasel Bear, Black Weasel

*Männerhemd eines Cheyenne, um 1860. Bemaltes Hirsch-
und Büffelleder, Glasperlenstickerei, Hermelinfelle,
Wollstoff und Menschenhaar. Die Hermelinfelle und die Libellen
auf den Ärmeln symbolisieren die Totemkräfte des Besitzers.
The Detroit Institute of Arts.*

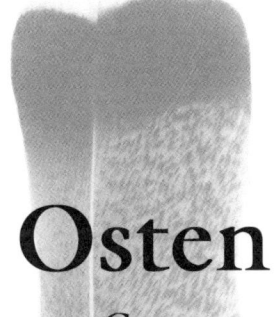

Osten

Gelb

Grossvater Sonne

Element Feuer

Geist

Eagle-Medicine-Man *vom Stamm der Apsaroke.*
Foto E. S. Curtis.

WANBLI
DER ADLER

Der Adler ist der erste Tagesvogel der Schöpfung. Sein Flug ist Unsterblichkeit.

Wanbli Gleska, der gefleckte Adler, ist das einzige Wesen, das sich Großvater Sonne nähern darf. Er sieht alles, was auf der Erde geschieht. Er ist der Bote, der den göttlichen Blitz in seinen Krallen trägt. Er symbolisiert Aufstieg, Behendigkeit und Schnelligkeit. In heiligen Kreisen steigt er nach oben, weshalb sein Zeichen auch die Spirale ist. Der tapfere und intelligente Adler verfügt über die Erkenntnis der Wirklichkeit, in der sich all seine kämpferische Kraft entfaltet.

Die Pfeife der Sonnentänzer ist aus dem Flügelknochen eines Adlers geschnitzt. Ihr Kopf ist mit zwei Adlerfedern geschmückt. Mit den Krallen des Adlers wurde die Haut ihrer Brust durchbohrt. Adlerfedern waren Zeichen eines großen Verdienstes. Sie erinnern an die Allgegenwart Wakan Tankas. Die Mausern der Adler waren besonders gesucht. Die Federn, die einmal die Wolken berührten, sind ein Zei-

Eagle Dancer.
*Der Tänzer trägt Schwingen aus
Adlerfedern und Glöckchen-
bänder an jedem Bein.
Foto E. S. Curtis.*

*Charakteristische Plattformpfeife
mit Adlerdarstellung, geschnitzt
in Grünen Pfeifenstein (Catlinit),
200 v. – 400 n. Chr., mittlere
Waldlandzeit.
The Brooklyn Museum, NY.*

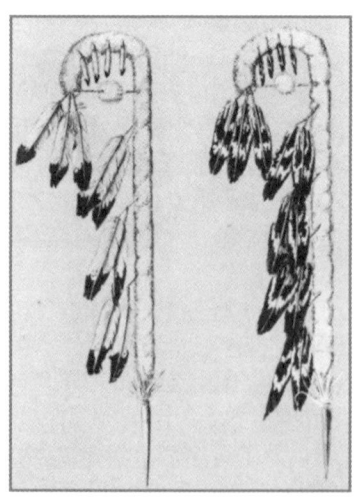

*Links: Standarten der Osage.
Die Krummstäbe sind spiralig
mit Schwanenfell umwickelt.
Der Stab des Himmels ist mit
den Federn des ausgereiften und
erwachsenen Goldadlers geschmückt (weiß mit schwarzer
Spitze), der Stab der Erde dagegen mit den dunklen Federn des
jungen, noch nicht ausgereiften
Tieres. Zeichnung La Flesche.*

*Tanzhut der Tlingit, Haida, Holz.
Field Museum of Natural History,
Chicago.*

chen der Wahrheit, die ebenso leicht ist, wie sie von einem Windstoß weggeblasen werden kann.

Der Kriegsfederschmuck Wapaha war früher nur den besten Kriegern vorbehalten. Jede für einen Sonnenstrahl stehende Feder war verdient. Heute steht er eher für die Ehre des Namens und wird vom Vater an den Sohn vererbt.

Durch die sogenannte Adlerhochzeit wird ein Paar für das Diesseits wie auch für das Jenseits aneinander gebunden. Auch Wanbli bleibt seinem Partner das ganze Leben lang treu. Sein Hochzeitstanz ist ein atemberaubendes Flugspektakel.

Der Habicht weist ebenfalls die Tugenden des Adlers auf, auch wenn er nicht ganz so hoch fliegt.

Negative Eigenschaften: Machthunger

Positive Eigenschaften: Aufstieg, Behendigkeit, Schnelligkeit, tapfer, intelligent, kämpferische Kraft, Erkenntnis der Wirklichkeit

Indianische Namen: Black Eagle, Eagle Child, Spotted Eagle, Crow Eagle, Morning Eagle, Old Eagle, Little Eagle, Eagle Hawk, Running Eagle, White Eagle, Eagle Bear, Big Voiced Eagle, Eagle Feather, High Eagle

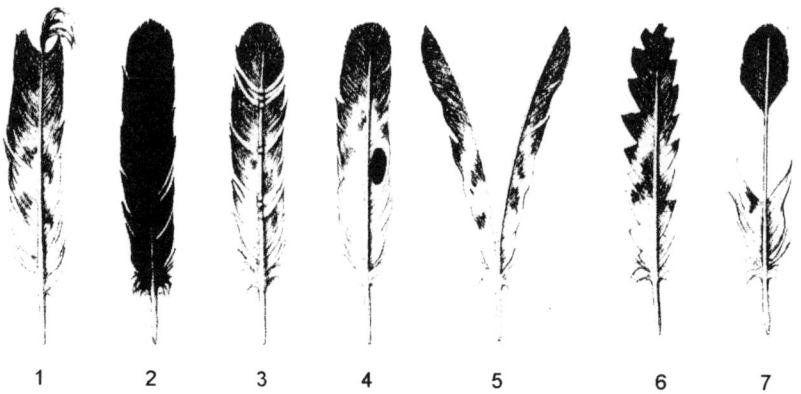

Der Ausgang einer Schlacht hatte für die Prärieindianer oft eine geringere Bedeutung als der Mut einiger Krieger, denen es im Kampf gelang, Gegner mit dem "Schlagstock" zu treffen. Dies wurde als weit größere Kriegstugend angesehen, als mit einem Pfeil auf große Distanz zu treffen, und wurde vom Kriegsrat mit einer Schwanzfeder eines Adlers belohnt.

1. Erster Schlag: Feder mit Pferdehaarspitze.

2. Erlittene Verwundung: Rot gefärbte Feder.

3. Verwundung und Sieg über mehrere Feinde: Der Federkiel wird für jedes Opfer einmal von einem Stachelschweinhaar umwikkelt.

4. Ein getöteter Feind: Roter Fleck auf der Feder.

5. Mehrere erlittene Wunden.

6. Vier gelungene Schläge: Gezahnte Feder.

7. Fünf gelungene Schläge: Teilweise entfernte Feder.[7]

CANSKA
DER FALKE

Canska kann in der Luft stehen und symbolisiert daher den göttlichen Schutz und den Triumph der Schönheit. Er versinnbildlicht die Wiedergeburt von Großvater Sonne.

Der Falke ist ein waghalsiger Jäger und ist mit Spitzengeschwindigkeiten von bis zu 300 km/h das schnellste Tier der Erde.

 Negative Eigenschaften: Selbstsucht, Ungeduld

Positive Eigenschaften: Schönheit, göttlicher Schutz, waghalsiger Jäger, schnellstes Tier

Indianische Namen: High Hawk, Red Hawk, Mosquito Hawk, The Real Hawk, Charging Hawk, Iron Hawk, Little Hawk

93

Two Whistles mit Falkenhaube.
Foto E. S. Curtis.

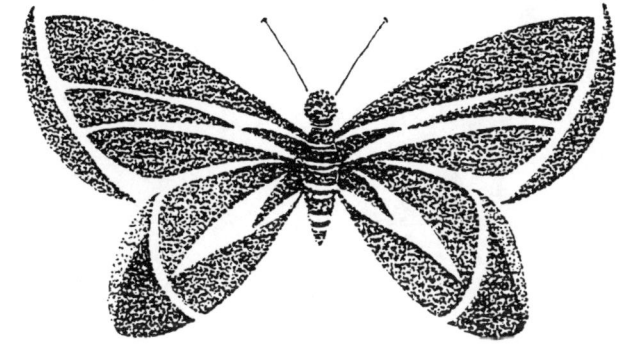

KIMIMALA
DER SCHMETTERLING

Die Raupe eines Schmetterlings ernährt sich ausschließlich vegetarisch und lebt mehrere Monate, manchmal sogar über ein Jahr in dieser Form. Nach seiner vollen Entfaltung ist der Schmetterling jedoch ein recht vergängliches Wesen. Manche ernähren sich gar nicht, andere wiederum saugen Blütennektar mit ihrem entrollten Rüssel.

Die Flügel Kimimalas gibt es in allen Farben, Formen und Größen. All diese Information birgt bereits die Raupe und der Kokon, der die Macht und Unnahbarkeit des Wirbelsturms repräsentiert. Der Schmetterling selbst steht für die Seele, den Lebenshauch, den steten Wandel, die Erneuerung, Freude, Schönheit und Weiblichkeit. Berührt Kiminala die Schulter einer Frau, so kann sie Medizinfrau des Körpers oder des Geistes werden.

Ein Kimimala ist auch auf den Himmel der Moon Lodge gemalt. In diese Schwitzhütte aus 28 Stäben ziehen sich die Frauen während

Totem

ihrer Regeln zurück, um diesen Augenblick in Frieden und Einkehr leben zu können.

 Negative Eigenschaften: Leichtigkeit

Positive Eigenschaften: steter Wandel, Erneuerung, Freude, Schönheit, Weiblichkeit

PAHIN
DAS STACHELSCHWEIN

Pahin ist ein tapferes Wesen. Trotzdem klappert es mit den Zähnen, wenn es seinem Feind, dem Marder gegenübersteht. Dann richtet es nicht nur seine mit Widerhaken versehenen Stacheln auf, sondern verbreitet auch einen beißenden Geruch, der nur ihm selbst keine Tränen in die Augen treten läßt. Seine langen Krallen helfen ihm auf Bäume zu klettern.

Durch die Nacht zieht er alleine. Er ernährt sich von Rinden, Blumen und Knospen und frißt sogar abgeworfenes Geweih und Knochen. Für seine Schlafstätte ist er nicht sehr wählerisch und übernachtet unter dem Dach von Zweigen oder zwischen Steinen.

Die Stacheln Pahins sind Pfeile der Sonne, die es zähmte, um sie den Menschen als Zeichen des Überflusses zu schenken. Pahin ist das Symbol des Vertrauens. Die Indianerinnen, die diese Stacheln bearbeiten durften, gehörten einer bestimmten Frauengruppe an, die sich ständig durch Gebet und Fasten zu reinigen hatte. Die Mädchen der Lakotas lernten die Arbeit mit diesen Stacheln im Traum von der zweigesichtigen Agonite. Eine Legende erzählt von einer alten Frau, die ständig strickt, während ein Hund zu ihren Füßen schläft, der ihre Arbeit übernimmt, wenn diese sich einmal ausruhen muß. Sollte diese Arbeit einmal unterbrochen werden, so bedeutete dies das Ende der Welt.

Früher genügte es, eine Decke über ein Stachelschwein zu werfen, in der zahlreiche Stacheln hängen blieben. Heute werden so viele von Autos überfahren, daß man sich leider nur noch auf der Straße bükken muß.

Wird Pahin angegriffen, bilden seine Stacheln einen Strahlenkranz um seinen Hals. Die Pesa, die den Kopf der tanzenden Prärieindianer schmückt, initiert diese Stachelsonne. Sein Schwanz hingegen wurde als Haarbürste verwendet. Seine Pfoten sind eine Miniaturausgabe der des Bären.

 Negative Eigenschaften: Verletzlichkeit
Positive Eigenschaften: Überfluß, Vertrauen

Häuptlingssohn, Sioux, mit Kopf-
schmuck aus Stachelschweinborsten.
Foto R. Tietgens.

Junger Prärieindianer mit seinem Pesa aus Stachelschweinhaar

Hirschmaske aus Zedernholz, 1200 – 1350 n. Chr., Mississippi.
Smithsonian Institution.

TAHCA
DER HIRSCH

Der rege, stolze, schnelle und unabhängige Hirsch kennt die Welt der Pflanzen. Er liebt junge Sprossen, Beeren und Rinden. Er ist das Symbol der Fruchtbarkeit schlechthin. Er steht aber auch in enger Verbindung zum Baum des Lebens und dem alles läuternden Licht. Als weiterer Vertreter der Sonne kann er ein Führer in der Welt des Unbewußten sein.

Dem Röhren des Hirsches entspringt der Wind. In sein Geweih schlägt der Blitz der Erkenntnis. Deshalb gehört es auch zum Kopfschmuck der Medizinmänner und Schamanen. Es wird jedes Jahr abgestoßen, um mit einer Spitze mehr nachzuwachsen. Die Horde der Männchen wird von einem alten Leithirsch angeführt, während immer etwa ein Dutzend Weibchen und Junge zusammenleben. Beide Gruppen nähern sich nur während der Brunftzeit.

Aus Hirschleder werden Hemden, Kleider und Mokassins hergestellt. Seine Hufe werden zu Klappern für Kinder und Tanz, seine Fußknöchel hingegen für ein bestimmtes Fangspiel benötigt. Mit den

Hirschtanz, San Juan Pueblo, New Mexico.
Foto R. Tietgens.

Gebet für einen vom Jäger erlegten Hirsch

Ich war bedürftig,
Ich habe dir Schönheit, Anmut und Leben genommen.
Ich habe deine Seele von ihrem weltlichen Leib gesondert.

Ich war bedürftig.
Im Leben hast du deinesgleichen in Güte gedient.
Mit deinem Leben will ich meinen Brüdern dienen.
Ohne dich muß ich hungern und werde schwach.
Ohne dich bin ich hilflos, nichts.

Ich war bedürftig.
Gib mir Kraft durch dein Fleisch.
Gib mir deine Hülle als Schutz.
Gib mir deine Knochen für meine Arbeit,
Und mir wird es an nichts fehlen.

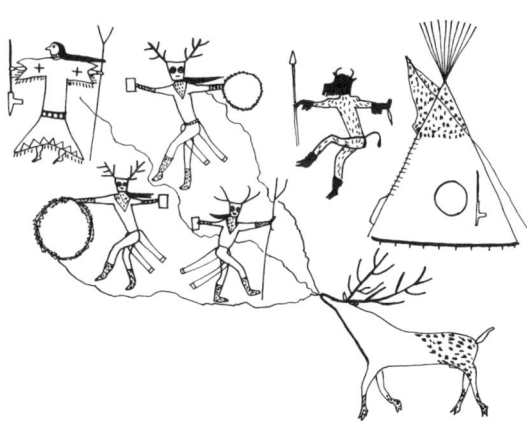

*Hirschtanz, Sioux. Die Tänzer stehen mit dem Hirsch als
Totem- und/oder Jagdtier in einer Art energetischer bzw.
spiritueller Verbindung, was in der Zeichnung durch die Masken
und vor allem durch die Verbindungslinien dargestellt wird.
Zeichnung I. Paulson.*

103

Totem

Wapiti mit hoega *auf der Stirn. La Flesche beschreibt es in seinem Buch "The Osage Tribe" so: "Hoega ist der Zeremonialname für Erde. Das Wort meint eine schlingenförmige Hegung, die das Leben mit seinen zahllosen Formen umschließt und nach dem Tode daraus entläßt. Es entspricht ... dem sakral gewordenen Stammeslager." Die* hoega *wird als viergeteilter Kreis gezeichnet: der Ring meint den Horizont, die Striche des Quadrats stehen für die vier Winde.*

breiten Geweihstangen des Damhirsches wurden die heißen Steine in die Schwitzhütte getragen.

Hirsch und Elch sind große Liebhaber. Früher woben die Krieger des Hirschklans ein Netz aus seinen Sehnen in einen Holzreif, um damit den Blick des angebeteten Mädchens zu fangen, die dem Krieger dann unweigerlich verfallen war. Später verwendete man dazu auch einen Spiegel oder die bereits erwähnte Liebesflöte.

Die Hirschkuh steht für Anmut und Sanftheit der Frau. Sie kann deshalb auch als Mädchen erscheinen, welches sich unter die Tänzerinnen mischt, um sich einen der versammelten Männer auszuwählen und ihn dann mit ihren Blicken ins Gebüsch zu locken – auch wenn dieser verheiratet ist. Am nächsten Morgen wird er dann entstellt und von kleinen Hufen zertrampelt gefunden. In den traditionellen Tänzen kann man der Hirschfrau nur entkommen, wenn man sich vor den Blicken der Tänzerinnen hütet und lieber ihre Füße betrachtet.

Sie kann jedoch auch die Mädchen verführen, indem sie ihnen alle möglichen Wunderdinge verspricht. Diese Hirschfrau ist keine andere als die zweigesichtige Agonite, mit einer hübschen und einer häßlichen Seite. Diese Legende soll den jungen Leuten zu verstehen geben, daß Geradlinigkeit die einzig wahre Lebensversicherung darstellt.

 Negative Eigenschaft: Zerstörungswut

Positive Eigenschaften: Stolz, Schnelligkeit, Unabhängigkeit, Fruchtbarkeit, Führer in der Welt des Unterbewußten, Geradlinigkeit

Indianische Namen: Deer Running, Black Deer

Totem

*Schlangenpriester. Die weißen Streifen symbolisieren die Antilope.
Der letzte Tag des Schlangentanzes besteht aus einem Tanz
und dem Rennen der Antilopen-Bruderschaft.
Foto E. S. Curtis.*

TATOKALA
DIE ANTILOPE

Tatokala steht für die Lebhaftigkeit, grazile Schnelligkeit und Scharfsicht. Sie ist das Tier der Luft und des Windes der Wiedererneuerung. Sie ernährt sich von Blättern kleiner Büsche, und liebt Beifuß und Salbei. Die Antilope ist die Inkarnation der Reinheit.

 Negative Eigenschaft: Zerbrechlichkeit
Positive Eigenschaften: Lebhaftigkeit, Scharfsicht, Reinheit, grazile Schnelligkeit

IGMU TANKA
DER PUMA

Der Puma ist ein Einzelgänger, der über ein streng begrenztes Revier herrscht. Dieser Herr der Berge haßt es gestört zu werden. Er verkörpert ruhige Langsamkeit und plötzliche Schnelligkeit, Anmut, Kraft und konzentrierte Energie. Er kann 6 m hoch und 7 m weit springen.

Der mutige und intelligente Igmu Tanka zieht es vor, nicht allzu lange zu fasten. Doch legt er große Geduld an den Tag, wenn es heißt, sich an seine Beute anzupirschen: Rehe, Hirsche, Nagetiere, ja sogar Rinder erlegt er durch einen kräftigen Biß in den Nacken. Am liebsten jagt er morgens und abends.

Nach einer Trächtigkeit von etwa drei Monaten bringt das Weibchen zwei bis vier Junge zur Welt, die sie im Schutz des dichten Unterholzes aufzieht. Nach sechs bis sieben Wochen beginnen die Pumakätzchen, feste Nahrung zu sich zu nehmen. Ihre Mutter nimmt sich dann meist noch ein, zwei Jahre Zeit für ihre Erziehung.

Totem

Der Puma ist ein Nachttier und ein ausgezeichneter Kletterer. Seine Reißzähne sind überaus beeindruckend.

Seine Krallen sollen ihren Träger vor feindlichen Angriffen beschützen und ihm besondere Kraft verleihen. Aus seinem Fell wurden Köcher angefertigt.

 Negative Eigenschaften: Erregbarkeit, Aggressivität

Positive Eigenschaften: ruhige Langsamkeit - plötzliche Schnelligkeit, Anmut, Kraft und konzentrierte Energie, Mut

Pfeifenkopf in Pumaform aus schwarzem Steatit (Speckstein),
200 – 400 n. Chr., mittlere Waldlandzeit.
The Brooklyn Museum, NY.

Igmu Sinteonzinca
der Luchs

Es heißt der Luchs schiele, weil er versuche den ganzen Horizont auf einmal zu sehen. Daß er dennoch über außerordentlich scharfe Augen verfügt ist in vielen Sprachen bereits sprichwörtlich.

Er gilt als Träger des Lichts und sieht weit über die augenscheinliche Wirklichkeit hinaus. Diese Raubkatze ist nicht nur gelassen und losgelöst, sondern auch sehr geschmeidig, gutmütig und im Prinzip friedfertig und nur sehr schwer auszumachen.

Trotzdem ist sie ein ausgezeichneter Jäger und lehrt uns Respekt und Vorsicht. Die Haarbüschel auf ihren Ohren sind wie Antennen, die sie noch besser hören lassen.

Es heißt, Igmu Sinteozinca sei der Herr der Nebel, die Himmel und Erde verbindenden. Er ließe sie ganz nach Belieben entstehen und verschwinden, da er dem Dampf und dem Wind angehöre.

Dieser nächtliche Einzelgänger stellt bei seiner Jagd auf Hasen und andere Nager, junge Rehe, Hirsche und große Vögel seine akrobatischen Künste unter Beweis.

Die Luchsin gebiert ihre Jungen nach zweimonatiger Trächtigkeit in einer Felsnische oder einem hohlen Baum.

 Negative Eigenschaften: Gleichgültigkeit

Positive Eigenschaften: Scharfe Augen, Träger des Lichts, Gelassenheit, Geschmeidigkeit, Gutmütigkeit

WAGLESK'SUN
DER TRUTHAHN

Das Federkleid des wilden Truthahns reicht von Bronze bis Weiß. Sein Körper und seine Beine sind länger als die des Haustruthahns.

Waglek'sun fliegt über kurze Strecken und verbringt die Nächte gerne in Bäumen. Seine Nahrung bestehend aus Samen, Nüssen, Beeren, Insekten und kleinen Reptilien findet er hingegen auf der Erde.

Ein Truthahn hat mehrere Hennen zu beglücken, die ihre 8 bis 15 Eier in mehreren oder aber auch im selben Nest brüten. Die Aufzucht der Küken wird von den Hennen übernommen. Auch heute kann man die Kleinen oft noch in der Wildnis der großen Ebenen Nordamerikas hinter ihrer Mutter dahermarschieren sehen. In Mexiko jedoch gehörte der Truthahn schon bei Ankunft der Spanier zu den Haustieren.

Waglesk'sun gilt als einfältig und leicht zu überlisten. Nicht zuletzt deshalb ist das Fleisch des Truthahns wohl auch so beliebt. Da der Hahn seine Federn aufplustert, wenn er eine Braut umwirbt oder sich

in Gefahr befindet, gehört er dem Wirbelsturm an. Schlägt er sein Rad, verkörpert er Großvater Sonne. Nicht zuletzt deshalb werden daraus wunderschöne Fächer und "Tanzsonnen" angefertigt.

Waglesk'sun ist das Erwachen und die Nächstenliebe schlechthin.

 Negative Eigenschaft: Naivität
Positive Eigenschaften: Erwachen, Nächstenliebe
Indianische Namen: Red Wing, Bird Man

---

[7] *La Grande Aventure des Americains du Nord, Selection Readers Digest, 1983.*

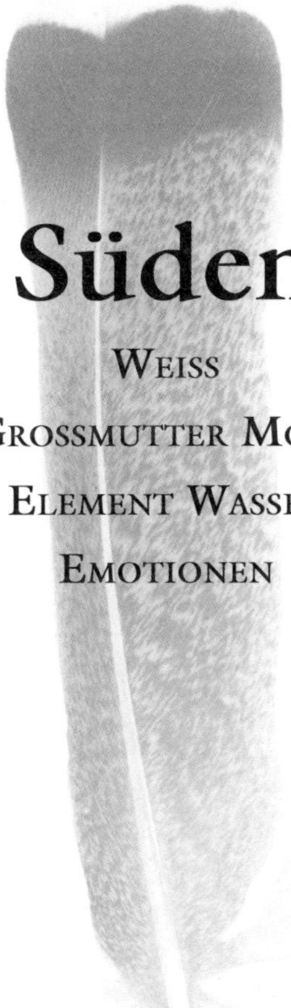

Süden

WEISS

GROSSMUTTER MOND

ELEMENT WASSER

EMOTIONEN

John Young Bear mit bärigem Halsschmuck.
Buffalo Bill Historical Center, Cody.

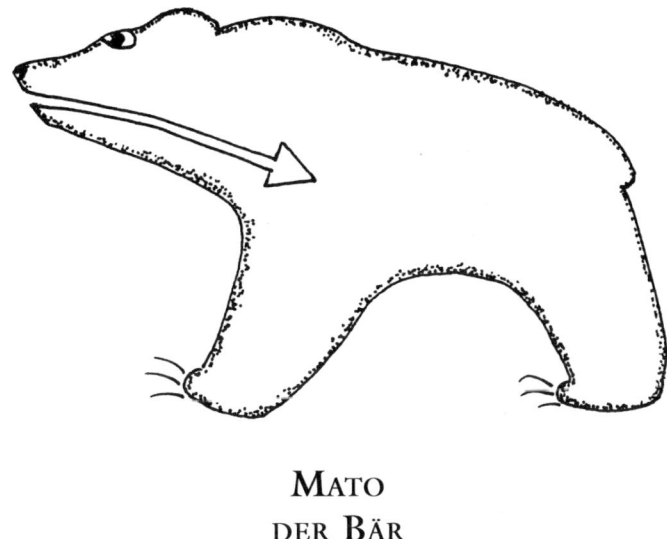

MATO
DER BÄR

Bären haben 42 Zähne und fressen Wurzeln, Fische und alle möglichen Säugetiere, die sie erwischen können. Ihre legendäre Vorliebe für Honig ist ebenso sprichwörtlich wie wahr. Während die Bärin ihr Junges (manchmal auch zwei) in ihrer Winterhöhle zur Welt bringt, weist der Bär jegliche Verantwortung eines Vaters von sich.

Mato verkörpert Intuition, Instinkt und die ruhige Kraft der Weisheit, die sich im Winter zurückzieht, um im Frühling wiederaufzuerstehen. Doch kann sich sein gutmütiges Äußeres schnell zu einem raschen und gefährlichen Krieger wandeln, wenn er sich bedroht fühlt. Auch die Pflanzenwelt ist kein Geheimnis für den Bären. Daher verkörpert er Erkenntnis und Schutz der Medizinmänner. Seinen Zähnen, Krallen und seinem Fell werden übernatürliche Kräfte zugeschrieben. Oft legten Medizinmänner ihre Patienten deshalb auch auf oder unter ein Bärenfell. Die Bärenkrieger waren für Schlachtwunden zuständig.

Halskette aus Bärenkrallen vom Grizzly, Otterfell und Glasperlen,
Great Plains, um 1860. Bärenkrallen und besonders die daraus
gefertigten Halsketten galten als wichtige Männlichkeits- und
Tapferkeitssymbole. Die Krallen wurden gesammelt, aber nur
ausgewählte Männer durften diese Krallen verarbeiten.
The Detroit Institute of Arts.

Bear´s Belly: *Ein Mitglied der*
Bären-Bruderschaft, eingehüllt in
sein heiliges Bärenfell.
Foto E. S. Curtis.

Schamanendolch eines Tlingit,
19. Jdh, Südost-Alaska. Ein
Frosch kriecht aus dem Kopf eines
Bären, an dessen Stirn sich eine
menschliche Figur klammert.
Die Elfenbeinschnitzerei verdeut-
licht sehr gut den Bezug zu
Risiko und Gefahr, die diese
tödliche Waffe ausstrahlt.
The Masco Art Collection.

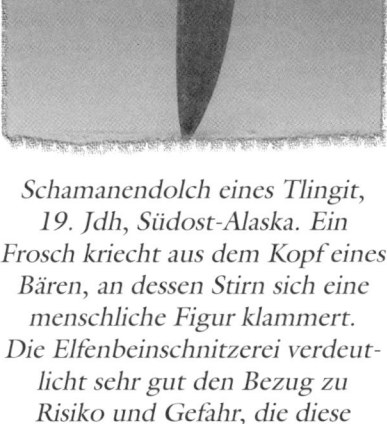

119

Der Bären-Tanz.
Zeichung G. Catlin.

Früher legten die Frauen der Lakotas die Plazenta der Neugeborenen in die Astgabel eines Pflaumenbaums. Der Geruch der Früchte lockte oft Bären an, die bei der Gelegenheit auch gleich den Mutterkuchen verzehrten. Der stehende Bär symbolisiert den Urmenschen.

 Negative Eigenschaften: Gefräßigkeit, Ungeduld, Launenhaftigkeit

Positive Eigenschaften: Intuition, Instinkt, Kraft der Weisheit, Erkenntnis und Schutz der Medizinmänner

Indianische Namen:Hollow Horn Bear, Sitting Bear, Bears Teeth, No Bear, Grizzly-Bear Brave, Two Bear Woman, Bear Looking Behind, The Bear Stops, White Bear, Standing Bear, Bear Whirlwind, Afraid Of Bear, Bear Paw, High Bear, Bear Back, Black Bear, White Bear, Bear Comes Out, Bear That Growls

HINNANKAGA
DIE EULE

Die Eule ist der erste Nachtvogel der Schöpfung. Sie ernährt sich vorwiegend von Nagetieren und Vögeln, die sie ganz verschlingt. Die unverdaulichen Teile spuckt sie als Knäuel wieder aus. Sie lebt in hohlen Bäumen oder verlassenen Nestern. In der Nacht lauscht sie mit weit offenen Augen und verschwimmt zugleich in den Schatten der Nacht.

Als Botin bringt sie das Licht in die Finsternis der Nacht und des Unwissens. Sie kann alles Vergessene und Verlorene wiederfinden und verfügt über Unterscheidungskraft und Hellsichtigkeit. Deshalb symbolisiert sie auch Weisheit, Scharfsinn und Wandel.

Die Eule sieht den nahenden Tod und erscheint dann in unseren Träumen. Solche Träume können aber auch auf einen wichtigen Lebens- oder Gesinnungswandel hindeuten. Hinnankaga ist die Begleiterin der alten Frau, die am Ursprung der Milchstraße sitzt und über die Seelenwanderung der verstorbenen Geister wacht. Sie inspiziert

121

Handgelenke, Hals und Gesicht. Entdeckt sie dort ein verstecktes Mal, findet der Geist Einlaß ins Reich der Toten. Andernfalls muß er als Geist auf der Erde umherirren.

 Negative Eigenschaft: Gaukelei

Positive Eigenschaften: Unterscheidungskraft, Hellsichtigkeit, Weisheit, Scharfsinn, Wandel

Indianische Namen: Yellow Owl, Little Owl, Spotted Owl

*Die Federn der Eule eignen sich besonders
zur Herstellung von Traum-Medizin.*

Mastinca
das Kaninchen

Kaninchen leben in Gemeinschaft in unterirdischen Bauten. Sie schlafen tagsüber und ernähren sich nachts. Beim kleinsten Verdacht klopfen sie mit der Hinterpfote auf den Boden, um die anderen zu warnen, die sogleich im nächstbesten Versteck verschwinden. Sie entfernen sich nicht sehr weit von ihren Bauten, da sie über keinen besonders guten Orientierungssinn verfügen. Dies läßt auf kluge Vorsicht und Bewußtsein der Gefahr schließen.

Jedes Kaninchen hat seinen eigenen Bau, wobei den Ältesten ein Platz in der Mitte der Siedlung zusteht. Kommen die Jungen zur Welt, zieht das Weibchen jedoch getrennte Haushalte vor. Mit den Menschenfrauen teilt es den Umstand, mit dem Kinderkriegen nicht an den Lauf der Jahreszeiten gebunden zu sein.

Im kugelrunden Auge Mastincas spiegelt sich Großmutter Mond wider. Einige sagen, daß "Langohr" (so sein wörtlicher Name) nicht davor zurückschreckt und sein Bild sogar auf den Mond schickt. Denn wo Europäer einen "Mann im Mond" sehen, haben die Lakotas einen Hasen erkannt.

Mastinca verschwindet ebenso schnell wie er auftaucht. Keiner kann genau sagen, ob er sich gerade im Diesseits oder im Jenseits befindet. Er stellt also die Brücke zwischen der sichtbaren und der unsichtbaren Welt dar. Er verkörpert außerdem die Erneuerung allen Lebens, die Heilung, die Regeneration, die Eingebung und das Gleichgewicht. So werden Hase und Kaninchen als Symbol allen Erdenlebens auch mit dem Morgenrot in Verbindung gebracht.

Hasenpfoten als Kriegsbemalung waren ein Zeichen für einen Kampf zu ebener Erde und eine rasche Kampfhandlung. Der "Hasentanz" hingegen beschwor die Fruchtbarkeit.

 Negative Eigenschaften: Unberechenbarkeit, Faulheit

Positive Eigenschaften: Bewußtsein der Gefahr, Vorsicht Fruchtbarkeit, Erneuerung allen Lebens

Indianische Namen: Spotted Jack-Rabbit

SUNKMANITUTANKA
DER WOLF

Wölfe leben in der Regel zurückgezogen. Großwild wie Hirsche, Elche oder Wildpferde jagen sie meist nachts und im Rudel, während sie tagsüber auch allein auf Fischfang oder Mäusejagd gehen. Auch Obst und Beeren verabscheuen sie keineswegs. Das herrschende Wolfspaar frißt zuerst, doch hat es auch für den Schutz des Rudels aufzukommen. Es wird sogar erzählt, daß nur dieses Paar Welpen zur Welt bringt. Das Rudel kann von einem Männchen oder ebensogut von einem Weibchen angeführt werden.

Das Weibchen bringt nach einer Trächtigkeit von etwas mehr als zwei Monaten zur Welt drei bis acht Welpen zur Welt, die sie unter Einsatz ihres eigenen Lebens verteidigt. Daher steht sie auch für wilde Mutterliebe und aufopfernde Hingebung. Nach drei Wochen wagen sich die Welpen ins Freie. Ihre Erziehung wird dann vom ganzen Rudel übernommen.

Der Wolf ist ein ausgesprochenes Gruppentier. Er steht für Geselligkeit, Intelligenz, gegenseitige Hilfe und Schutz. Der weise Wolfskrieger kann seinen Lebensabend jedoch auch als Einzelgänger verbringen.

Zeigt Großmutter Mond ihr Antlitz, singt der Wolf sein Freudenlied, wobei er ihr heulend den Kopf zuwendet. Aus diesem Gesang, so heißt es, entstünden Wind und Nebel. Beim Morgenrot ist der Wolf wieder in seinen Bau zurückgekehrt.

Das Geschrei von Menschen kann Wölfe sehr wütend machen. Auch zahm bleibt er eigentlich ein wildes Tier.

Die Schöpfungsgeschichte der Lakotas erzählt, wie der Wolf der Spinne dabei half, die Menschen im Westen aus der Erde zu gebären. Der Wolf gehört zu den großen Heilern unter den Tieren.

 Negative Eigenschaften: Aggressivität

Positive Eigenschaften: Mutterliebe, Hingebung, Geselligkeit, Intelligenz, Hilfe und Schutz

Indianische Namen: Wolf, Wolf Lies Down, Little Wolf, Wolf Child, Wolf Stand On A Hill

Krieger der Piegan (Yellow Kidney)
mit einem Kopfschmuck aus Wolfsfell.
Foto E. S. Curtis.

PTAN
DER OTTER

Der Fischotter legt oft einen erstaunlichen Erfindungsgeist an den Tag. Dazu bedient er sich wie der Biber seines Schwanzes, welcher ihn – zusammen mit den Schwimmhäuten zwischen seinen Zehen – außerdem zu einem ausgezeichneten Schwimmer macht. Auch seine Höhle hat, wie der Bau des Bibers, nur einen Zugang durchs Wasser. Nur ein schmaler Schacht versorgt die Behausung mit der nötigen Luft. Ohren und Nasenlöcher des Otters verschließen sich im Wasser von alleine. Otter sind sehr scheue Einzelgänger, die sich nicht lange am selben Ort aufhalten. Sie sind meist nachts unterwegs.

Die zwei, drei Jungen kommen im Frühling zur Welt und werden dann lange genährt und verhätschelt. Deshalb steht der Fischotter auch für starke Familienbande, Wohlwollen und Aufmerksamkeit. Er ist hilfsbereit und teilt sein Hab und Gut. Aber mehr noch: Der Otter gilt als Initiator und versinnbildlicht in dieser Hinsicht Regeneration, Unschuld, Schönheit und Harmonie.

Die jungen Frauen der Lakotas verstauen ihre Matten in einem wasserdichten Fell Ptans, der auch als Symbol der Weiblichkeit, der Gefühlswelt, der Intuition und der Freude gilt. Es heißt außerdem, daß das Gebären auf solchen Matten leichter fiele. Den Kriegern hingegen soll das Fell des Fischotters Schnelligkeit und Unsichtbarkeit verleihen. Zuletzt dienten Fischotterbeutel auch zur wasserdichten Aufbewahrung von Heilkräutern.

Der Otter ist also ein weiterer Vermittler zwischen Erde und Wasser.

 Negative Eigenschaften: Verspieltheit, Koketterie

Positive Eigenschaften: Erfindungsgeist, starke Familienbande, Regeneration, Unschuld, Schönheit, Harmonie, Hilfsbereitschaft

Indianische Namen: Otter Robe

Die Zöpfe dieser jungen Kalispel-Frau, von denen Wieselfelle herabhängen, sind mit Otterfellstreifen gebunden.
Die Muschel-Verzierungen an ihrem Kleid erinnern an Elchzähne.
Foto E. S. Curtis.

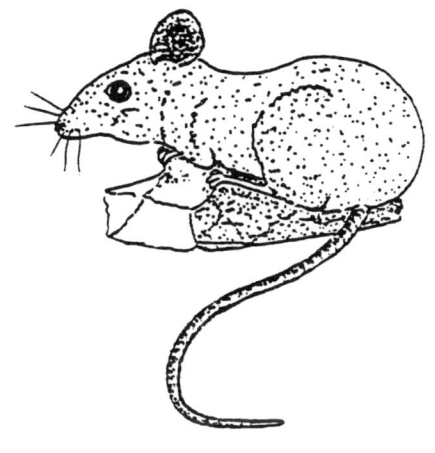

ITUNKALA
DIE MAUS

Mäuse richten sich gemütliche Polsterlager aus Moos ein. Schon mit zwei Monaten können junge Mäuse Nachwuchs bekommen und dies mehrmals pro Jahr und bis zu zwölf Stück. Gerade in der warmen Jahreszeit können sich Mäuse daher sehr rasch vermehren. Sie ernähren sich nicht nur von Insekten, Pilzen, Früchten und Körnern, sondern legen sich reichliche Winterlager an. Itunkala steht daher für die Vorsorge.

Die zitternden Barthaare warnen sie vor ihren Jägern, derer es so viele gibt. Fuchs, Eule, Habicht, Rabe, Schlange und viele mehr wissen das zarte Fleisch der Maus zu schätzen.

Itunkala gilt als sorgfältig, genau, bescheiden und verfügt über ein ausgeprägtes Bewußtsein von Gefahren. Durch ihre Kenntnisse der Wurzeln ist sie Heilerin, kann aber auch eine Krankheitsbotin sein.

Totem

Wie ihr großer Bruder, die Ratte kann die Maus tatsächlich zahlreiche Viren auf die Menschen übertragen.

 Negative Eigenschaften: Pingelig, diebisch
Positive Eigenschaften: Sorgfältig, genau, bescheiden
Indianische Namen: Mouse

Ritual eines Medizinmanns. Gemälde von Robert O. Sweeney
Minnesota Historical Society [8]

SUNKMANITU
DER KOYOTE

Der Koyote ist weder Wolf noch Fuchs. Auch wenn er wie diese meist nachts jagt, so kann man ihn durchaus auch tagsüber antreffen. Er ist eben Sunkmanitu, der "Präriehund".

Koyoten passen sich den verschiedensten Lebensbedingungen an. Sie ernähren sich von Aas, Kälbern, Nagetieren, Schlangen, Insekten, Fischen, Fröschen, Beeren oder Früchten. Auch Koyoten halten sich ewige Treue. Nach zweimonatiger Trächtigkeit bringt das Weibchen fünf bis zehn Welpen zur Welt, die nach der Stillzeit vor allem vom Männchen ernährt werden.

Wie der Wolf bringt der Koyote Großmutter Mond mit angelegten Ohren seinen Abendgesang dar. Während der der Erwachsenen recht melodisch ist, klingt der der jungen Koyoten wie Gelächter.

Sunkmanitu steht für die Welt der Illusionen, die uns verwirrt. Er gilt als Clown, der sich ständig in fremde Angelegenheiten mischt.

Oft wird ihm auch vorgeworfen, inkonsequent, zerstörerisch, betrügerisch und planlos zu sein.

Er verkörpert das Paradox und soll das Feuer gestohlen haben. Dort, wo er auftaucht, gibt es Probleme. Trotz all dieser Vorwürfe offenbart er doch Verborgenes und vermag ein verlorenes Gleichgewicht wiederzuherstellen. Der silberne Koyote macht Mut und kann den tödlichen Lauf des Schicksals abwenden.

Köcher aus Koyotenfell sollten Pfeile besonders schnell machen. Auch seine Krallen sind beliebte Glücksbringer.

 Negative Eigenschaften: Verfall

Positive Eigenschaften: Glückbringer, mutig, offenbart Verborgenes

---

[8] *John C. Ewers : Plains Indian Sculpture, Smithsonian Institution Press, 1986.*

Heilige Bäume

Totem

Zeitgenössisches Medizinrad mit Steinen, Federn,
einem Ast als Symbol des Lebensbaumes (Sonnentanzpfahl)
und farbigen Stoffbändern für die Himmelsrichtungen.

Abbildung Seite 135: Gebetsfedern im Wind, Hopi.
Foto R. Tietgens.

CANUPA

DER BAUM DES LEBENS

Als der Schöpfer Himmel und Erde entstehen ließ, schuf er auch den Baum als Vermittler zwischen beiden, was er durch einen Blitz besiegelte. Aus diesem Baum gingen alle Geräusche, alle Farben, alle Gerüche und alle Früchte und Blumen hervor.

Aus einer besonders großen dieser Früchte entstand das Leben. Es genügte, sich auf sie zu konzentrieren, um ihre Essenz in sich aufzunehmen und ewig leben zu können. Dieser Baum trug den Namen Canupa und war männlich und weiblich zugleich.

Nach der Schöpfung der Menschen maßten sich einige von ihnen an, selbst Schöpfer werden zu wollen. Deshalb verloren die Menschen den "Seidenschleier, der ihren Körper umgab". Da sie nun jedoch von der Urquelle getrennt waren überfiel sie der Zweifel, der zur Angst führte, die wiederum die Krankheit hervorbrachte. Die Tiere bemitleideten die Menschen, beteten für sie und versuchten ihnen ihr Leid und ihr Irren erträglicher zu machen. Manche schenkten ihnen sogar ihr Leben, damit die Menschen sich bekleiden und ernähren und so wieder ein bißchen ihrer ursprünglichen Kraft zurückerlangen konnten.

Wer erinnert sich nicht an den Ursprung der Trommel? Die Alten fanden schon sehr bald heraus, daß sie einen ausgehöhlten Baumstamm mit feuchter Haut überziehen konnten, die sich beim Trocknen spannte und so den Klang verstärkte, wenn man auf sie schlug. Dieser Klang vermag die beiden Hälften des Gehirns wieder in Einklang zu bringen, wodurch der Mensch Einblick in die Urwelt gewinnen kann.

Je nach Holz und Tierhaut einer Trommel werden verschiedene Fürsprecher angerufen, die die Anliegen der Menschen ans Große Mysterium vermitteln, von dem Erstere ja nie getrennt wurden.

Totem

Urvater Baum

Der Baum ist ein lebendiger Kosmos, der sich ständig erneuert. Er ist die Entwicklung des Lebens, Tod und Wiedergeburt. Er gehört zum "Aufrechten Volk" und vereinigt die vier Elemente in sich. Seine Wurzeln stecken tief in der Erde, aus der sie das Wasser gewinnen. Seine Äste strecken sich in den Himmel, seine Blätter durchweht der Wind und in seinem Holz steckt die Kraft des Feuers.

Der Baum ist unser größter Beschützer, unser ältester Vorfahre. Durch ihn können wir Verbindung mit dem Geheimnis des Lebens aufnehmen. Vertrauen wir uns ihm an, finden wir die innere Stimme unseres Herzens wieder.

Vor langer Zeit war die ganze Erde von Urwald bedeckt. Vom europäischen Urwald ist nur noch der Forst von Bielovezsa in Polen übrig. Noch zur Zeit der Römer waren zwei Drittel Galliens von Wäldern bedeckt. Viele davon wurden gerodet, um Weizenfeldern für den römischen Staat Platz zu machen. Dieses Roden wurde auch später fortgesetzt, nicht zuletzt auch deshalb, weil die Mönche den Wald bzw. die Haine als heidnisches Kultobjekt verstanden.

Die tropischen Regenwälder, die Lungen unserer Erde, sind von den verschiedenen Eiszeiten verschont geblieben. Die Entwicklung des Lebens auf der Erde war nicht in Gefahr bis der Mensch die unterirdischen Schätze entdeckte.

Reichtum und Vielfalt der Wälder bergen unzählige Schätze, die sich nicht bei den verschiedenen Heilmitteln erschöpfen. Nur der Mensch ist rücksichtslos genug, die Vorräte der Natur zu seinem eigenen Nutzen und zum Schaden der Natur zu mißbrauchen.

Auf der ganzen Welt schrumpfen die Waldbestände und machen Wüsten Platz. Städte schießen aus dem Boden und beschleunigen durch ihre Umweltverschmutzung die aktuelle Klimatragödie.

KLIMAWANDEL

Durch die Photosynthese binden die Bäume den von der modernen Welt im Überschuß produzierten Kohlenstoff und fixieren ihn in Biomasse. Der Wald ist also die einzige Möglichkeit, dem Treibhauseffekt Einhalt zu gebieten.

Die Genußsucht des Menschen hat die Erwärmung unseres Planeten verschuldet, was außerdem einen verstärkten Wasserzyklus verursacht. Dies wiederum führt zu verstärkten Regenfällen in bestimmten Regionen, während andere unter Trockenperioden und Waldbränden zu leiden haben – vom Schmelzen des Polareises ganz zu schweigen.

Ende 1999 wurde Westeuropa durch Stürme verwüstet. Die "lebende Erinnerung" lag entwurzelt und in Totenstille auf der Erde. Das unnatürliche Reih und Glied der modernen Fichtenwälder hatte einem chaotischen Mikado Platz gemacht. Vielleicht begannen sich manche wenigstens jetzt zu fragen, ob es denn wirklich richtig ist, Wälder schnell wachsender Bäume als Geldquelle zu züchten. In der Tat haben die Mischwälder diesen Ansturm der entfesselten Elemente wesentlich besser überstanden. Doch sind Eichen und Buchen eben erst mit 150 bis 200 Jahren voll ausgewachsen.

Das gesamte ökologische Gleichgewicht war gestört. Schon zwei Stunden vor dem großen Sturm hatte das Wild die Wälder fluchtartig verlassen. So wurden vor allem kranke oder alte Tiere vom Chaos erschlagen. Auf seinem zerstörerischen Weg schlug der "Große Sturm" nicht nur ganze Schneisen in die Wälder, sondern verteilte auch die Saat neuen Lebens für eine künftige Wiedergeburt und deckte lang vergrabene Samen wieder auf.

In jenen Tagen verlor auch der Mensch Wurzeln. Lange hielt er sich für unbesiegbar und dem Schöpfer ebenbürtig oder sogar überlegen. In wenigen Stunden mußte er sich der Bedeutung des natürlichen Gleichgewichts bewußt werden. Und erst in Jahrzehnten werden neue Wälder den Kahlschlag wieder überdecken.

Der Blitz schlägt mit Vorliebe in linksdrehende Bäume

Ein tausendjähriger Kastanienbaum: Ein guter Rastplatz

DER BAUM DER NATIONEN

Viele Völker verehren bestimmte Bäume besonders: So wird die Esche oft als erster Baum der Schöpfung verstanden, während die immergrüne Tanne als Zeichen der Unsterblichkeit gilt. Der Holunder soll Schutz vor bösen Geistern bieten. Kelten und Germanen verehrten die Kraft und das lange Leben der Eiche, der auch Misteln nichts anhaben können. Diesen Misteln werden besondere Heilkräfte zugesprochen. Die Linde war der Baum der Gerechtigkeit der Germanen. Der Gingko hingegen ist wohl einer der widerstandsfähigsten. In Japan überstand er sogar die Auswirkungen der Atombomben. Der Baum des Lebens ist für die Jordanier der Judäabaum, für die Ägypter die Akazie, für die Sibirier die Birke und für die Inder der Banian...

Beim Sonnentanz der Lakotas wird die Pappel zur Himmelsleiter. Sie symbolisiert die Macht der Sonne, deren Schöpfungskraft Bedingung allen Wachstums ist.

Jeder Mensch hat seinen eigenen Lebensbaum. Entdeckt er ihn und atmet mit ihm, wird er verstehen, daß auch er selbst ein Baum des Lebens ist.

Totenbäume

Eibe und Buchsbaum sind mit ihren immergrünen Blättern Zeichen der Unsterblichkeit. Von Walnußbäumen heißt es, man solle nicht unter ihnen ruhen, da sie die Energie der Lebewesen aufsaugten.

Die Lakotas bahrten ihre Toten in den Astgabeln von Eschen und Steineichen oder eigens aus deren Holz angefertigten Hochbahren auf. Das galt als Zeichen dafür, daß im Tode die Ansichten von Gut und Böse ihren Stellenwert verlieren und der Mensch in seiner Einheit ins Reich des Todes gelangt. Die Astgabel steht außerdem für die Öffnung des Geistes.

Das widerstandsfähige Eichen- und Buchenholz wurde jedoch auch für die traditionellen Unterstände der Lebenden benutzt, wobei die Querbalken aus Kiefern angefertigt wurden.

Die Fläche des Sonnentanzes wird von Gestellen umgeben, die nach allen vier Himmelsrichtungen hin offen sind und den "Schatten" tragen, unter dem sich das Volk versammelt, um den Sonnentänzern zuzusehen. Der Austausch zwischen Volk und Tänzer ist für das Gelingen unabdingbar. Die in der Mitte der Tanzfläche aufgestellte Pappel symbolisiert den alles vereinenden Baum.

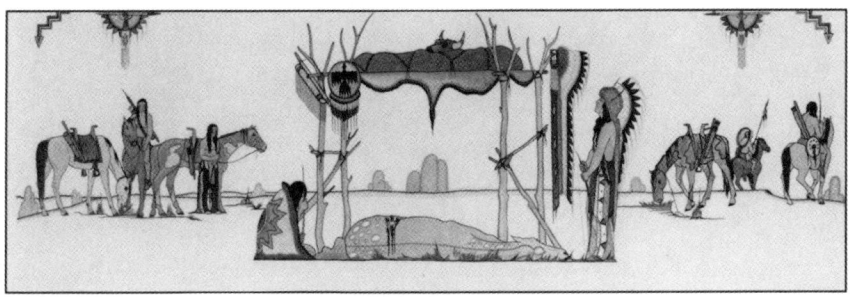

Begräbnisritual der Cheyenne.
Zeichnung von Archie Blackowl.

Totenbahre in einer kleinen Eiche [9]

DER WELTENBAUM

Zahlreiche Bräuche ranken sich in den verschiedensten Kulturen um bestimmte Bäume und Sträucher. Oft weisen sie überraschende Ähnlichkeiten untereinander auf.

Vom Mittelmeer bis in den höchsten Himalaja gibt es z.B. den Brauch, ein Stück Stoff oder einen Schal in heiligen Orten an die Bäume zu binden, damit die Fruchtbarkeit der Frauen durch nichts gestört werde.

Auch die Lakotas kennen diesen Brauch. Dort knotet man den Stoff an Nadelbäume und bringt dadurch einen Dank oder eine Bitte an den Geist des Baumes dar. Oft wird dabei auch ein wenig Tabak gespendet. Der heilige Berg Bear Butte ist von solchen bunten Stoffen übersät. Vor der Ankunft der Europäer wurden auch bunt gefärbte Felle zu diesem Zweck verwendet. Rot stand dabei für das Leben oder die Sonne, blau für den Himmel und grün für die Erde. Der durch den Wald fegende Wind überbrachte die Bitten und Danksagungen dann dem Großen Mysterium.

Der Weltenbaum ist doppelt. Er wächst nicht nur von unten nach oben, sondern auch umgekehrt. So symbolisiert er die ewige Bewegung zwischen den beiden Polen, zwischen Leben und Tod, Tod und Leben. Der Weltenbaum nährt alles Leben auf der Erde. Die Sonne verleiht ihm dazu die nötige Kraft, indem sie ihn mit ihrem Licht durchdringt.

Oft können wir in alten Bäumen Spiegel der Vergangenheit, Gesichter von Menschen oder Tieren ausmachen. Ihre Sprache wird sich uns dann ganz individuell entschlüsseln, wenn es uns gelingt, ihnen unser Herz zu öffnen. Manche Bäume scheinen ihre Äste nach uns auszustrecken, und es kann ungeheuer gut tun, sich ihnen anzuvertrauen und etwas Ruhe und Stärke in ihrer Umarmung zu finden.

Errichtung des Sonnentanzbaumes in der Neulebenshütte.

Manche sind hingegen so beeindruckend, daß sie nicht nur unnahbar wirken, sondern es tatsächlich sind. Meist handelt es sich dabei um "Schwellenwächter". Sich ihnen nicht zu nähern, ist eine Form der Achtung. Sie zu grüßen kann uns ihre Vitalkraft offenbaren.

Großvater "Red Cedar"

DIE KRAFT DER BÄUME

Haben wir "unseren Baum" einmal gefunden, den wir gerade am meisten brauchen oder der uns schon seit unserer Kindheit begleitet hat, so bitten wir ihn um Erlaubnis, uns an ihn lehnen zu dürfen. Dabei legen wir die linke Hand auf seinen Stamm, lehnen unseren Rücken daran und legen uns die rechte Hand auf das Sonnengeflecht in der Mitte unserer Brust. Wir konzentrieren uns auf dieses "Aufrechte Wesen" und seinen Geist, um ihn darum zu bitten, uns etwas von seiner Kraft zu spenden und uns Klarheit über unsere Probleme zu verschaffen. Dies sollten wir zur Kenntnis nehmen, ohne deshalb Urteile zu fällen. So manche Situation wird sich aufklären, und wir können nicht zuletzt auch aus diesem Grund sehr viel Energie aus diesem Austausch gewinnen. Vergessen wir aber nicht, dem Baum vor dem Verlassen dafür zu danken.

Finden wir unseren Zwillingsbaum, so werden wir in ihm das Licht unserer Seele entdecken. Wir können uns zwar zu einer bestimmten Baumart hingezogen fühlen, doch wird sich dieser Verbündete nur in Träumen oder Visionen unmißverständlich zu erkennen geben. Durch ihn werden wir lernen, uns dem Himmel zuzuwenden und zugleich feste Wurzeln zu schlagen.

Eine Tanne zu umarmen, öffnet das Herz. Ihre schützende und belebende Kraft fließt in uns und beseelt uns in einem Augenblick vollendeter innerer Ruhe. Aus diesem sanften und mütterlichen Baum werden die Zeltstangen des Tipis der Prärieindianer hergestellt. Je nach Größe des Zeltes bedarf es dazu 12 bis 20 Stangen. Die geschälten und kegelförmig zusammengebundenen Tannenstangen verteilen Energie, die vom Feuer der Mitte, dem Symbol des Großen Mysteriums widergespiegelt wird. So greift ein Lakota schnell zur Zeltstange, wenn er in einer bestimmten Situation Rat oder Schutz sucht. Sagen nicht auch wir Europäer "auf Holz klopfen", "toucher du bois", "touch wood" usw., um einen Wunsch wahr werden zu lassen? Bäume können männliche oder weibliche Energie ausstrahlen. Diese Polarität kann sehr wohl mit unserer körperlichen, geistigen, emotionellen oder spirituellen Verfassung zu tun haben.

Wollen wir Knospen, Blätter oder Rinde von einem Baum nehmen, so wird uns kein Zacken aus der Krone fallen, wenn wir ihn um Hilfe bitten, die "bösen Geister der Krankheit" zu vertreiben. Normalerweise wird dafür etwas Tabak, Nahrung oder Erde geopfert. Dasselbe gilt auch für das Sammeln von Heilkräutern oder -steinen.

Weht der Wind sanft durch die Äste, so fängt der Baum zu sprechen an und gibt Mensch und Tier seine geheimen Weisen und Lehren preis. Die Stimme des Windes erinnert uns an die Schönheit der Erde und die Achtung, die wir ihr schulden.

Der europäische Wald steckt voller Mythen und Legenden. Während Geschichten wie die vom Baum der Erhängten Angst machen, verzaubern andere wieder mit ihrer Schönheit und Magie. Hier ist ja auch das Reich der Waldgeister, Elfen, Zwerge und Feen.

Die Yankton oder Wahpeton Sioux schnitzten den Baumgeist oder Zwerg aus lebendem Holz, d.h. er blieb in seinem zylindrischen Haus des Baumstamms. Es wird erzählt, daß die Schnitzer in der Lage waren, diese Zwerge tanzen zu lassen. Dieser Tanz versicherte den Jägern, immer mit reicher Beute heimzukehren. Auch große Heilkraft wurde ihnen zugeschrieben.

---

9. *George Fronval : La fantastique épopée du Far West, Nr. 1*

Der Baum im Lebenskreis des frühen Menschen

Das Große Mysterium

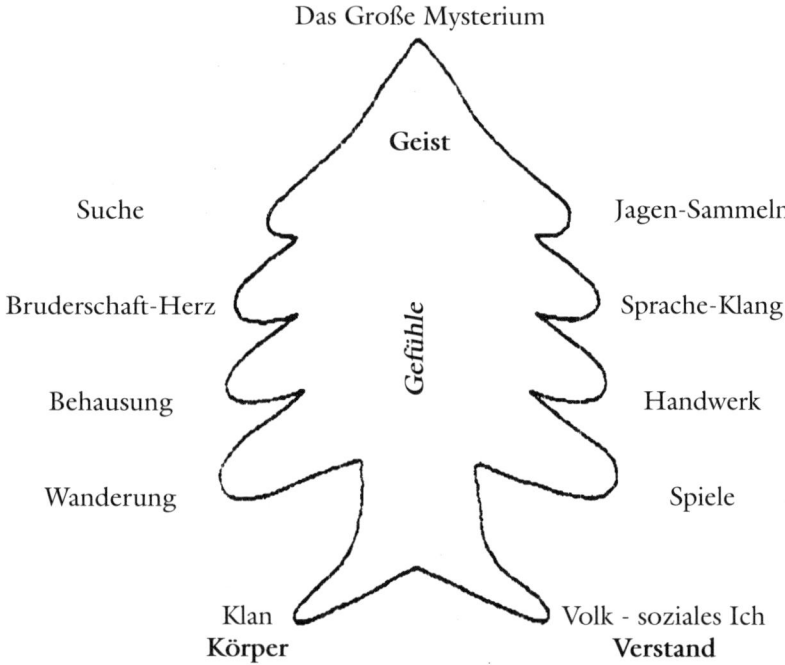

Geist

Suche   Jagen-Sammeln

Bruderschaft-Herz   *Gefühle*   Sprache-Klang

Behausung   Handwerk

Wanderung   Spiele

Klan   Volk - soziales Ich
Körper   **Verstand**

Der Baum, der Archetyp des Individuums, wächst von unten nach oben:

Zweige: Konstruktion

             Anerkennung des Ich und der Mitmenschen

             Rolle und Teilen

Stamm: Ortsmarke, Ichfindung

Wurzeln: Materielle Welt

Die Gefühle führen zur spirituellen Welt und werden vom gesamten Baum genährt.

DER BAUM IM LEBENSKREIS DES MODERNEN MENSCHEN

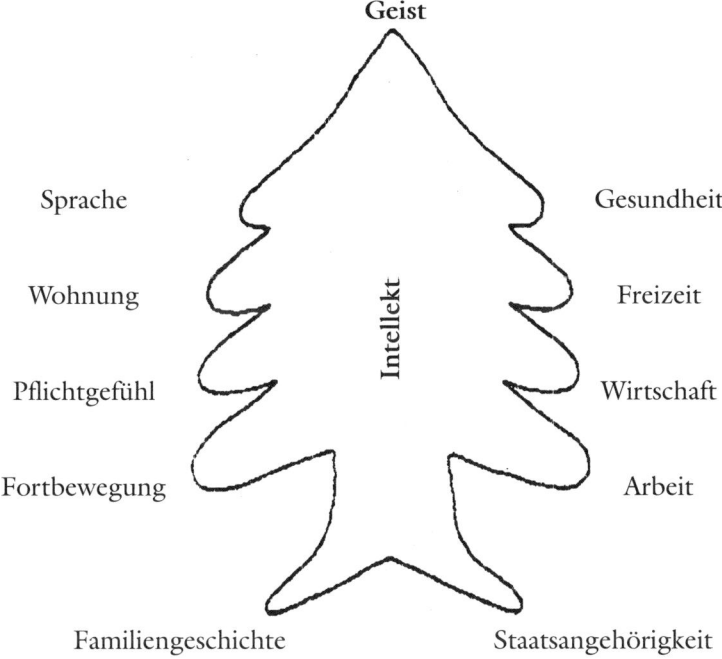

Geist

Sprache

Wohnung

Pflichtgefühl

Fortbewegung

Intellekt

Gesundheit

Freizeit

Wirtschaft

Arbeit

Familiengeschichte

Staatsangehörigkeit

Heute wird besonders die individuelle Seite des Menschen unterstrichen.

Der spirituelle Weg läuft meist über den Verstand oder stellt sich gar erst durch eine schwere Krankheit ein.

DER GARTEN EDEN

Die großen Ebenen des amerikanischen Middle West liegen auf einer Seehöhe zwischen 1500 und 2000 m. Sie sind leicht hügelig und bilden so bestimmten Pflanzen Schutz vor dem wütenden Blizzard. Hier schlängeln sich Bäche und Flüsse, und die Temperaturen können in beiden Richtungen sehr extrem sein.

Hier säte die Hand des Windes Kiefern, Eschen, Pappeln, Eichen, Wacholder, Kornel- und Traubenkirschen, Mirabellen, Johannisbeeren und wilden Wein. In diesem Paradies stehen lebende und tote Bäume nebeneinander und existieren zahlreiche Tierarten.

Im Frühling legt die Prärie ihr buntes Kleid an, welches nach und nach mit Beifuß (Artemisia Ludoviciana), Mariengras (Hierochloe Odorata) und Ruchgras (Anthoxanthum Odoratum) geschmückt wird. Dieses und andere Gräser enthalten Kumarin, welches ihren speziellen Geruch (Süßgras) ausmacht.

Wie sollten wir uns in dieser Natur nicht in Einklang mit allem Beweglichen und Unbeweglichen finden? Die Steine lehren uns Standhaftigkeit, die Pflanzen die Schönheit, die Tiere die Weisheit und bieten uns Nahrung und Schutz. Wir sind diesen Reichen dafür etwas schuldig. Schon allein die Achtung kann da den nötigen Gesinnungswandel bewirken. Wenn der Tagesstern am Abend seinen Lauf beendet, nimmt er die schwarzen Wolken unserer Seele mit sich, auf daß wir am Morgen so strahlen wie er selbst und der Weisheit des Lebens offen gegenüberstehen können.

In einer Flußbiegung formt sich ein kleines Lager mehrerer Tipis. Starke Frauen stecken die Kieferstäbe zusammen und verbinden sie so miteinander, daß Skan, die lebensbringende Bewegung, freien Lauf hat. Der Zwischenraum zwischen den drei ersten Grundpfeilern wird mit weiteren Stäben vervollständigt und dann mit Häuten überzogen, die so gut gegerbt sind, daß weder Regen noch Sturm sie durch-

Der Garten Eden

Aufbau eines Tipis.
Foto E. S. Curtis.

dringen können. Der Eingang liegt auf der Ostseite, so daß die aufgehende Sonne ihr Licht ins Zelt ergießen kann und auf die Feuerstelle trifft, deren Glut die Nacht überstanden hat.

Die Versammlungstipis sind männlich, denn Schutz ist Männersache. Deshalb kommen sie zur Versammlung auch mit ihren Lanzen, ihren Trommeln und Medizinbeuteln. Der Geist ihrer Totemtiere wird durch die Felle gekennzeichnet, die zu beiden Seiten des Eingangs hängen.

Die Kinder spielen mit den Hunden und bewachen die Pferde. Jeder hat seine Aufgabe. Das Lager wird so lange an diesem Ort bleiben, bis die Bisons wieder weiterziehen. Die Männer jagen, die Frauen nehmen die Tiere aus, gerben die Häute, sammeln Wurzeln und Beeren. Gelegentlich wird der Rhythmus von heiligen und gesellschaftlichen Festen, von Liebesspielen und manchmal auch von Kriegen unterbrochen. Beginnt sich der Winter anzukündigen, so zieht sich das Lager in ein geschütztes Tal zurück, wo genügend Feuerholz zu finden ist.

Dann erzählt man sich Mythen wie diese:

"Vor vielen Monden lebten Pflanzen und Tiere in Einklang in einem wunderbaren Sommer. Doch als der Herbst kam und der kalte Wind zu pfeifen begann, hatten sie keinerlei Schutz. Als sie schon alle Hoffnung zu überleben aufgegeben hatten, kam ihnen der Schöpfer selbst zu Hilfe. Er beschloß, daß die Bäume fortan ihre Blätter abzuwerfen hatten, um eine warme Decke für feines Wurzelwerk, Kräuter und Blumen zu bilden. Um den Bäumen jedoch für diese Gabe zu danken, schenkte er ihnen ein letztes Farbenkleid. Deshalb nehmen die Bäume im Indian Summer auch die wundervollsten Farben an, um sich von allen Wesen zu verabschieden und ihre winterliche Aufgabe zu übernehmen."

Medizinzelt, 1905. Die Bemalung zeigt mehrere gehörnte Wesen,
den Donnervogel und eine Mondsichel und es ist anzunehmen,
daß es sich hier um die symbolische Darstellung des Kosmos handelt.
Milwaukee Public Museum.

Sehen wir nachts zu den Wipfeln der Bäume empor, entdecken wir eine weitere Aufgabe des "Aufrechten Volkes". Es soll uns den Weg zu den Sternen weisen.

Nicht zuletzt wurden die sechs heiligen Bäume der Lakotas auch um einen Stern angelegt. Einen solchen Stern können wir auch im Mark der Pappelzweige erkennen. Die Pappel oder Cotton Wood ist der Baum des Lebens der Lakotas. Manche Bäume geben ihre Quintessenz erst preis, wenn sie geschnitten werden.

Der Stern der Bäume

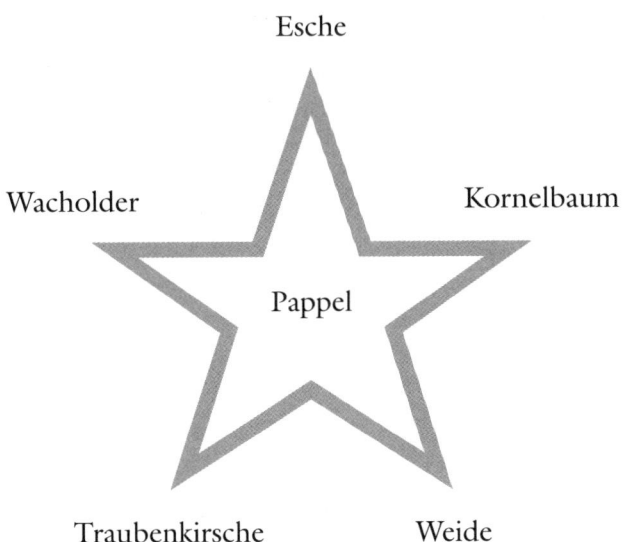

Esche

Wacholder · Kornelbaum

Pappel

Traubenkirsche · Weide

Dieser Schmuck aus der Rinde der cedar wird den Jungfrauen
am fünften Tag ihrer Pubertätszeremonie ins Haar geflochten.
Der Fotograf E. S. Curtis bemerkt dazu: "Daß das hier fotografierte
Mädchen gerade mit einem unehelichen Kind schwanger war, sorgte bei
den Umstehenden und bei ihr selbst für beträchtliche Heiterkeit."

HANTE
DER WACHOLDER

Juniperus scupulorum occidentalis virginiana deppeana ...

Die Familie der Wacholder ist sehr weitläufig und kann in den verschiedensten Formen und Gegenden gedeihen. Er kommt in den Höhen der Rocky Mountains ebenso vor wie in der Wüste Arizonas. Es heißt, daß die Donnervögel gerne auf seinen Ästen sitzen.

Er ist ein beliebtes Räucherwerk, welches Ruhe, gelassenes Hinnehmen unveränderbarer Situationen und inneren Frieden bewirken soll. In Europa wurden Choleraepidemien damit bekämpft und Häuser im Frühling damit ausgeräuchert. Manchmal rauchen die Lakotas Wacholder, den sie auch "Cedar" nennen, zusammen mit Salbei oder Peji hota (Artemisia ludoviciana). Mit "Cedar" oder "Red Cedar" ist aber keineswegs, wie oft irrtümlich angenommen, die Zeder gemeint, sondern die Thuje bzw. der Lebensbaum (Thuja plicata). Sie gehört wie der Wachholder zur Familie der Zypressengewächse. Die echte Zeder (Cedrus, engl. "cedar") kommt in Amerika nicht vor.

Totem

Navajo mit Gebetsfeder.
Foto A. Gulliford.

Bei nächtlichen Zeremonien wird der Hante der vier Himmelsrichtungen angerufen. Dieser Abendgesang symbolisiert das Ausat-
men:

Hante Wiyohpeyata …	Wacholder des Westens …
Hante Waziyata…	Wacholder des Nordens …
Hante Wiyohiyanpata …	Wacholder des Ostens …
Hante Itokahata…	Wacholder des Südens …

Bei Tageszeremonien wird dieser Gesang an die vier Winde gerich-
tet. Er symbolisiert das Einatmen:

Tate Wiyohpeyata …	Wind des Westens
Tate Waziyata…	Wind des Nordens
Tate Wiyohiyanpata …	Wind des Ostens
Tate Itokahata…	Wind des Südens

Hante kann in der Form des "Red Cedar" sehr majestätische Aus-
maße annehmen. Dieser Baum wird heute wegen seines schönen
Holzes und der leichten Bearbeitung in den kanadischen Wäldern
gerodet.

Der Wacholder

Der Tanz des Bärenordens um die heilige cedar.
Foto E. S. Curtis.

Das ewige Blaugrün seiner Nadeln läßt den Wacholder für die Unsterblichkeit stehen. Es heißt, daß sein Geruch uns den Sternen näher bringt. Er erfrischt, reinigt und bringt Frieden und Zuversicht. Hante ist der Hüter der Schwingungen.

Die Heyoka, die alles umgekehrt machen, schneiden eine "cedar", damit sie zum Baum ihres Sonnentanzes werde. Sie wird im Zentrum des Tanzplatzes aufgestellt und der Tänzer kehrt ihr den Rücken zu. Hier bietet sie dem Menschen, diesem in die stoffliche Welt geborenen Licht, die Möglichkeit zur Reise zurück ins Urlicht.

Der Wacholder wird getrocknet und zerrieben, manchmal sogar zu feinem Pulver, welches in kleine Säckchen abgefüllt wird. Sein Rauch "ehrt" die ersten sechs Steine, die in die Schwitzhütte gebracht werden und für die sechs Großen Richtungen stehen (die 4 Himmelsrichtungen, Oben und Unten). Wacholderdampf wirkt antiseptisch, verdauungsfördernd, belebend und vertreibt negative Gedanken. Er hilft dabei schwierige Situationen zu meistern. So wird während des Sonnentanzes ständig Wacholder geräuchert, um Zweifel, Angst und negative Gefühle von den Tänzern fernzuhalten.

Indianischer Ballspieler.
Zeichnung G. Catlin.

PSEHTIN
DIE ESCHE

Fraxinus americana

Die starke Esche kann eine Höhe von 40 Metern erreichen. Ihre Wurzeln reichen ebenso tief in die Erde, weshalb sie als ein Vermittler zwischen Himmel und Erde gilt, der die Kommunion zwischen dem Menschen und dem Großen Mysterium ermöglicht.

Die Lakotas haben die Esche als Stellvertreter der Welt der Bäume gewählt, indem sie das Rohr ihrer heiligen Pfeifen aus ihrem Holz anfertigen. Dazu wird ein junger Eschensproß gewählt, der noch gerade in die Höhe wächst. Dazu heißt es: "Er muß kurz vor einem Gewitter, aber noch vor dem ersten Donner geschnitten werden, da er den Blitz kommen fühlt und seinen Saft dann in den Wurzeln zurückhält. So spaltet sich später sein Holz nicht." Eine andere Möglichkeit besteht darin, ihn Ende Dezember zu schneiden, wenn der Saft am tiefsten steht. Vor dem Schneiden des jungen Baumes sollte gebetet und Tabak geopfert werden. Die Schnittstelle sollte mit Erde bedeckt werden.

Während früher das ausgewählte Stück meist in der Mitte gespalten, der Länge nach ausgehöhlt und wieder zusammengeklebt wurde, wird heute versucht, das noch weiche Mark mit heißen Metallstäben herauszubohren. Das geschälte Rohr hat dann noch einige Zeit zu trocknen, bis es weiter verarbeitet werden kann. Man zog den ausgewählten Eschensproß einst mit sehr viel Muße und entfernte die Augen, daß er besonders gerade wachsen konnte, denn manche Pfeifenrohre waren ziemlich lang und mit schönen Schnitzarbeiten verziert. Die Schönheit solcher Ritualgegenstände sollte Geist und Gefühle der spirituellen Welt näher bringen. Der Diener der Pfeife reichte sie bei der Zeremonie im Kreis herum.

Die alten, erfahrenen Krieger fertigten aus jungen Eschenästen Bögen an, die ungebogen in etwa die Größe des Schützen haben sollten. Dann wird der Rohbogen geformt und gefettet. Wenn das Holz dann ganz trocken war, wurde es oben und unten eingekerbt, um eine aus Sehnen von Bisons oder anderem Großwild geflochtene Sehne befestigen zu können. Nachdem seine Widerstandskraft überprüft wurde, wurde er geschliffen und verziert. Die alten Männer waren auch für die Reparatur aller anderen Waffen zuständig.

Der sogenannte Schleuderstab wurde ebenfalls aus Eschenholz hergestellt, welches zu einer feinen Biegung geschnitzt und an dessen anderes Ende eine Art Korb mit Lederriemen befestigt wurde, mit dem man einen Lederball auffing und wieder wegschleuderte.

Das Reifspiel war der Jagd geweiht. Hierzu wurde ein Reif aus Eschenholz so mit Lederriemen durchzogen, daß nur noch in der Mitte ein kleines Loch übrigblieb. Ziel des Spieles war es, einen gabelförmigen Ast durch das "Herz" des rollenden Reifen zu werfen.

Die frühen Menschen stellten ihre Speere aus Eschenholz her, da die Spitze sich im Feuer besonders gut härten ließ. Auch Trommeln wurden aus Eschenholz gebaut. Dazu wurden Holzlamellen von einem großen Stück abgesprengt und mit Leder in die Form der Trommel gebracht. Später wurde eine am Rande gelochte Hirschhaut mit geflochtenen Lederriemen darüber gespannt. Das Ganze symbolisierte das Medizinrad ebenso wie den Lebenskreis.

Die Esche versinnbildlicht Wachstum und Schutz. Sie liebt feuchte und reiche Erde, der sie schnell die Nährstoffe entzieht. Mischt sich die Esche problemlos mit anderen Bäumen, so zieht sie doch den Waldrand und Hügelkuppen vor. Die Esche ist ein "Erwecker" mit großer Zauberkraft.

Ihre Blätter liegen sich paarweise gegenüber und stehen in rechtem Winkel zum vorhergehenden Blattpaar. Diese Blätter bestehen aus sieben (Silberesche) bzw. neun (gemeine Esche) länglichen und leicht gezahnten Einzelblättern. Sie sind blutreinigend, abführend, harntreibend und wirken gegen Rheuma. Wie auch die "Propellersamen" enthalten die Blätter u.a. Mannito, Inositol und Dextrose. Die Rinde und der frische Bast werden als Kompressen gegen Fieber, Schmerzen und bestimmte Vergiftungen verwendet.

Weißes Büffelfell als Opfergabe, Mandan.

Cansasa
der Kornelbaum

Cornus sanguineum stolonifera

Die Kornelkirsche, die die Lakotas Dog Wood, d.h. Hundsholz nennen, kann bis zu vier Meter hoch werden und wächst in Wäldern oder auch in Wassernähe.

Im Winter erinnern uns ihre nackten roten Zweige an ein Geflecht aus Venen und Adern. Der ockere Lebensstreifen, der einem Hund vor der Opferung von der Nasenspitze bis an die Schwanzwurzel gemalt wurde, sollte an die Kornelkirsche erinnern. Als Lebenskraft des Blutes und positiver Einflüsse steht Cansasa in direktem Zusammenhang mit der Sonne und ihrer lebensspendenden Wärme, mit der Schönheit und Großzügigkeit. Sie versinnbildlicht die Seele und so auch die Wiedererneuerung des Lebens und der unsterblichen Energie.

In Europa wurde die Plazenta nach der Geburt eines Kindes oft begraben und man pflanzte einen Kornelbaum darauf, um das Leben des Kindes zu beschützen.

Seine Farbe erinnert jedoch nicht nur ans Blut, sondern auch ans Feuer. So steckt in ihm auch der Hauch des Lebens, weshalb er einen integralen Bestandteil des Kinnikinnik, der traditionellen Rauchmischung aus Kräutern darstellt, welcher in der heiligen Pfeife geraucht wird. Deren Kopf aus Catlinit symbolisiert die Lebenskraft der Mutter Erde und des Göttlichen. So steht die ganze Pfeife für das gesamte Universum.

Der englische Name der Kornelkirsche führte gelegentlich dazu, daß sie mit der roten Weide verwechselt wurde, deren beißender Geschmack selbst unerschrockenste Raucher grün werden läßt.

Der Cansasabast wird zu gleichen Teilen mit den Blättern des Essigbaums, des Buchsbaums und der Bärentraube und oft auch anderen Blättern vermischt, wobei vor allem beachtet wird, daß die Anzahl der verwendeten Zutaten immer eine gerade Zahl bildet.

In der kalten Jahreszeit wird dazu der rote Rindenbast von den Ästen gekratzt und zu gleichen Teilen mit Tabak vermischt. Es heißt, er sei sogar in der Lage, die Schädlichkeit des Tabaks zu mindern.

Zur Familie der Kornelkirsche gehört auch der "Pale Dog Wood", bei dem nur die Astspitzen rot sind. Es heißt, er stinke nach Hundekot, wenn man die Rinde herunterkratze. Dennoch, oder gerade deshalb wird er bei nächtlichen Zeremonien verwendet, in denen die Anwesenheit einen Hundes vonnöten ist.

Die europäischen Metzger fertigten früher ihre Spießchen aus Kornelzweigen an. Die weißen Blütendolden der Kornelkirsche werden im Herbst zu blauschwarzen Beeren, die bald von Vögeln genascht werden. Für den Menschen sind sie abführend und schmecken bitter.

Cohwanjica
die Silberweide

Salix alba

Die Weide ist der Baum der Wiedererneuerung. Ihre Wurzeln schlägt sie in den feuchten Grund von Niederungen. Sie revitalisiert sich ständig, weshalb sie auch als Symbol der Fruchtbarkeit und der Wiedergeburt gilt.

Der Stamm dieses bis zu 30 Meter hohen Baumes wird im Alter rissig. Seine schlanken, spitz zulaufenden Blätter scheinen silbrig. Die Weidenkätzchen im Frühling sind bei den männlichen Bäumen gelb und bei den weiblichen grün. Die Indianerinnen polsterten mit ihnen die Kinderkrippen aus.

Schon sehr früh kannte man die schmerzlindernden, antiseptischen und schweißtreibenden Eigenschaften der Weidenrinde, die dazu bei Erscheinen der Knospen von den jungen Ästen gezogen wird. Die frische Rinde wurde zermahlen auf Verletzungen oder Gichtknoten

167

gelegt. Inhalationen mit Weidenrinde vertreiben Kopfschmerzen. Im 19. Jahrhundert wurde die Salizylsäure isoliert und bildet auch heute noch die Basis des Aspirins und anderer Schmerzmittel.

Die Prärieindianer brauchen die weichen Weidenäste für den Bau ihrer Schwitzhütten. Ihr harmonischer Bogen symbolisiert ja nicht zuletzt auch die Position der Planeten. Je nach der Aufgabe der Sweat Lodge wird sie aus 6, 12, 16, 24 oder noch mehr Weidenstäben angefertigt. Diese werden im Sommer geschält, so daß sie all ihre Kraft bei der ersten Anwendung freisetzen können. Es kann durchaus vorkommen, daß ungeschälte Weidenruten im Winter beginnen, Wurzeln zu schlagen und Triebe zu bilden.

Auch das Prinzip Inyans, des Felsens, der beim Schöpfungsakt so viel seiner Substanz spendete, daß er versteinerte, ist in der Schwitzhütte

Das Schwitzhüttengerüst initi aus Weidenstäben.
Deutlich sichtbar sind die Tabakopfer.

vertreten. Deshalb wird den Steinen auch größte Achtung entgegengebracht. Wird Wasser auf die glühend heißen Steine gegossen, durchdringt der Dampf das Weidengerüst und setzt all seine Wirkstoffe frei. So verfliegen nicht nur Kopfschmerzen oder Atembeschwerden, sondern auch jegliches Gefühl von Unbehagen. Auch dadurch werden im Inipi-Ritual zahlreiche Gesundheitsprobleme behandelt. Es geht hier ja auch um eine Neugeburt unserer physischen, geistigen, emotionellen und spirituellen Körper, die neue Wurzeln in Mutter Erde fassen sollen.

Ausgewachsene Silberweide in voller Blüte

Somit ermöglicht Cohwanjica, alte Verhaltensmuster ebenso zu überwinden wie eine leidvolle Vergangenheit. Seine Flexibilität verleiht uns die Kraft, uns wieder zu erheben.

Auch die Moon Lodge, in die sich die Frauen während der Menstruationszeit zurückziehen können, wird aus Weidenholz gebaut. In dieser Phase der Öffnung sind sie nämlich für Visionen besonders empfänglich. In der Moon Lodge gibt es keinen Aufguß, sondern es werden nur Salbeiblätter auf die heißen Steine gelegt. Es scheint, daß dieses Ritual ebenso wie die dazugehörigen Gesänge den heutigen Lakotas verlorenging. Sie durch Gesänge aus anderen Ritualen zu ersetzen ist eher abzuraten.

In den sogenannten "Ehrenkriegen" der Prärieindianer ging es vor allem darum, seinen Gegner mit einem "Schlagstock" zu treffen, um seinen Mut unter Beweis zu stellen. Auch dieser wurde, wohl in erster Linie wegen seiner Leichtigkeit, aus Weidenholz angefertigt und mit Otterhaut überzogen, der die Schnelligkeit in seinem Element und die Undurchdringlichkeit davon symbolisiert. Aber auch Peitschen, Kampfhämmer und andere Waffen konnten dabei verwendet werden. Bei diesen Anlässen durften nur Heyokas, die "Gegenteiligen" ihre Gegner töten. Andererseits ist der Heyoka auch der Einzige, der bestimmte Geschehnisse der Zukunft aufheben kann.

CANPA'HU
DIE TRAUBENKIRSCHE

Prunus virginiana serotina

Bei der Traubenkirsche handelt es sich um einen bis zu 6 Meter hohen Busch, welcher besonders in den kalkhaltigen und steinigen Booden Amerikas, aber auch Europas gedeiht.

Im Frühling strecken sich weiße Blütendolden zunächst dem Himmel entgegen und beugen schließlich ihre Köpfe. Im Sommer hängen an ihrer Statt kleine schwarz-violette Kirschen, die leicht bitter schmekken. Sie werden mit dem Kern zerstoßen, um das sogenannte Wasna oder Pemmican herzustellen, welches mit getrocknetem und zerhacktem Bisonfleisch und -fett vermengt wird.

Früher wurde dieses Wasna in Blasen oder kleine Lederbeutel gefüllt und stellte eine wertvolle und höchst nahrhafte Reserve dar. Heute wird es noch bei bestimmten Feiern verteilt und soll an die ruhmreiche Vergangenheit erinnern. Aus den mit Wasser und Maismehl ge-

171

kochten Traubenkirsche wird ein köstliches Gelee hergestellt, welches gerne mit gegrilltem Brot gegessen wird.

Erst wenn die "choke cherries" zwischen Ende Juni und Anfang August reif sind, darf der Sonnentanz beginnen. Die Traubenkirschen stehen nämlich in direktem Zusammenhang mit dem himmlischen Feuer der Sonne und dem zur Offenbarung entblößten Körper des Tänzers. Deshalb wird auch ein Bund Traubenkirschenzweige in die Astgabel der Pappel des Sonnentanzes gesteckt. Aus seinem Holz werden auch die fein geschliffenen Stäbchen geschnitzt, die die Brust der Sonnentänzer durchstechen und durch die sie mit dem Baum verbunden sind.

Als Offenbarer des eigentlichen Wesens wird das Kinnikinnik in der Heiligen Pfeife mit einem Stab aus dem Holz der Traubenkirsche gestopft. Die traditionellen Pfeifenstopfer sind am anderen Ende mit Stachelschweinhaaren und -stacheln verziert. Auch Betstäbe und Sprechstäbe, die bei Ratssitzungen weitergereicht werden, um das Wort an den nächsten zu übergeben, sind aus dem Holz der Traubenkirsche.

Ebenso die Fleischtrockner waren bis vor gar nicht allzu langer Zeit aus diesem Holz. Hier trocknete die Sonne die in feine Scheiben geschnittene Beute des Tages. Heute werden die alten Fleischtrockner geschliffen und poliert als Pfeifenständer verwendet. Manchmal werden sie auch rot bemalt, um daran zu erinnern, daß sie früher den Wintervorrat des ganzen Stammes aufbereiteten.

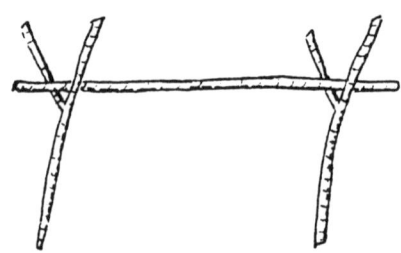

Die Traubenkirsche

Bei der Visionssuche werden die vier Himmelsrichtungen des gewählten Platzes mit gegabelten Traubenkirschstöcken abgesteckt. In jeder Gabel dieser etwa einen Meter langen, geschälten und polierten Äste hängt ein Tabaksbeutel als Opfer: Im Westen für den Himmel ein schwarz-blauer Beutel, im Norden ein roter, ein gelb-grüner im Osten für die Erde und im Süden ein weißer. Um die Visionsgrube hängen 405 kleine, verknotete Tabaksäckchen. Hier macht der Visionssuchende die Todeserfahrung. Vier Tage und Nächte fastet er und kommuniziert mit dem gesamten Universum, um die Fäden seiner Existenz wieder zusammenzuführen, zu danken, die Sonnentanzzeremonie vorzubereiten oder für die Heilung eines Freundes, eines Verwandten oder seiner selbst zu beten. Das Ritual wird durch einen doppelten Schwitzhüttengang (das "zweitürige Inipi") begonnen und beendet. Freunde, Verwandte und ein Geistesmann überwachen die Einhaltung der traditionellen Vorschriften.

Früher wurden Pfeile aus Traubenkirschholz hergestellt. Ein Pfeil sollte zwei Finger länger als der Unterarm des Schützen sein. Die Pfeilspitzen wurden zuerst aus Stein und später aus Metall angefertigt.

Die Traubenkirsche kann zwar auch mit dem Tod in Verbindung gebracht werden, gilt in erster Linie jedoch als Baum des Überflusses, der Fruchtbarkeit und der Geburt. Es ist ein "sanfter" Baum.

Er enthält Zucker, Gerbstoff, Kumarinsäure. Während seine Blätter aufgrund ihrer Blausäure für manche Tiere giftig sind, wird das Weißholz zwischen Juli und Oktober gesammelt, um daraus Aufgußtees gegen Verdauungsprobleme und Reizhusten zuzubereiten.

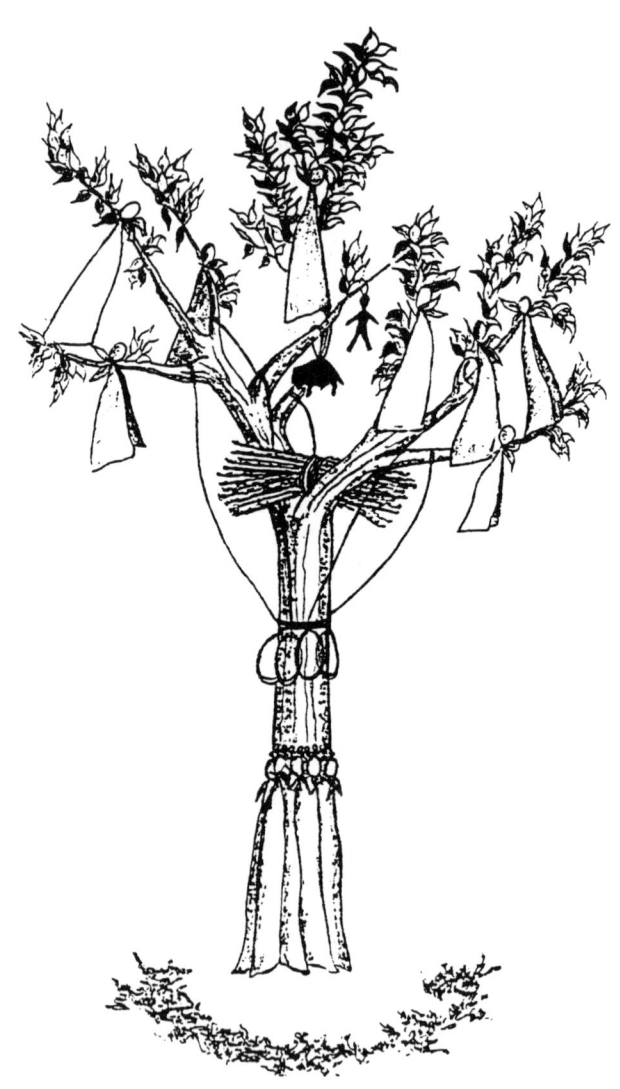

Der geschmückte Sonnentanzbaum

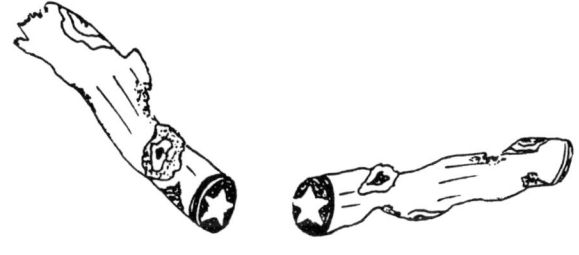

CANYAH'U
DIE PAPPEL

Populus sargentii

Die Legende erzählt, daß die Lakotas beim Anblick eines Pappelblatts auf die grundlegende Idee zur Gestaltung ihrer Tipis kamen. Diese ständig raschelnden Blätter beherbergen Skan, die Bewegung, die die Pappel so heilig werden läßt. Die Pappelart der Lakotas wird auch *cotton tree*, also Baumwollbaum genannt, da seine Kätzchen im Frühling ihr ganzes Umfeld mit ihrem feinen Wollhaar übersäen.

Pappeln können sehr groß werden, benötigen dazu aber einen feuchten und tiefen Boden. Bricht man einen ihrer Zweige an einem Wulst, so zeigt sich an der Bruchstelle ein fünfzackiger Stern, der als Symbol für die Offenbarung des Lichtes und des vollendeten Menschen angesehen wird.

Es kann kaum wundernehmen, daß die Lakotas gerade die Pappel zu ihrem Baum des Lebens auserkoren haben, da er für sie Herz, Gefühl und das Archetyp der spirituellen Erkenntnis verkörpert.

Der Sonnentanz kann als Danksagung, als Heilzeremonie oder einfach als Tribut an Mutter Erde durchgeführt werden. Wird sein Teilnahmegesuch mit der Heiligen Pfeife von einem Geistesmann angenommen, so verpflichtet sich der Sonnentänzer nicht nur für vier oder sieben Jahre zur Teilnahme an dieser Zeremonie, sondern auch dazu, ein aufrechtes Leben zu führen.

Haben die Geistesmänner die geeignete Pappel ausgewählt, legt eine alte Frau die traditionelle Nahrung an seinen Stamm: getrocknetes Fleisch, Beeren, Masi und Wasser. Dann verrichtet eine Jungfrau symbolisch die ersten vier Axtschläge. In der Folge wird der Koloß von den vereinten Sonnentänzern gefällt. Der Häuptling entfernt die unteren Zweige und verleiht ihm die Gabelform. Diese Gabel versinnbildlicht den Zwist der Menschheit, die einerseits gespalten und doch eins ist. Jede Seite ist eigentlich nur der Widerschein der anderen. Das Ganze besteht aus einer negativen und einer positiven Seite. Die Äste der Traubenkirsche, die bei der Feier in der Astgabel stecken, symbolisieren die stoffliche und spirituelle Nahrung, die das Volk vereint.

Mit vereinten Kräften wird der Baum dann zur Sonnentanzfläche getragen oder gerollt, die manchmal mehrere Kilometer entfernt ist. Die Träger bleiben nur vier Mal stehen, ohne daß der Stamm dabei direkt die Erde berühren darf. Alle Blätter und Zweige, die beim Transport abfallen, werden vom folgenden Geleitzug sorgfältig aufgesammelt. Sie tragen die Kraft Skans in sich und sind somit Schutz gegen die Intrigen der Hirschfrau Agonite.

Die Tanzfläche wird durch den Harbour, den Hafen abgegrenzt, in dem der Stamm der Zeremonie beiwohnt. Der Eingang liegt auf der Ostseite. Diese Pforte des Geistes wird nach dem Einzug des Baumes in die Mitte des Feldes für alle Nicht-Tänzer verschlossen. Er

Sonnentanzaltar, errichtet von Eagle Feather in Rosebud.
Der Büffelschädel liegt auf einem Bett aus Salbei, aus Augen
und Nase ragen dicke Salbeibüschel. Das Pfeifengestell steht
zwischen den beiden Flaggen im Westen.
Zeichnung Thomas Mails.

wird einmal in der Richtung des Sonnenlaufes im Tanzkreis getragen
und dann endlich wieder abgelegt.

Noch bevor der Baum aufgerichtet wird, werden Scherenschnitte
von Bisons und Menschen, die im gleichen Moment der Schöpfung
entstanden und so demselben Volk angehören, in die Äste gehängt.
Auch die bis zu 350 Tänzer hängen ihre Opfergaben in die Zweige:
Lange, bunte Stoffbahnen, Tabaksbeutel für die Geister und schließlich auch das große Seil.

Sonnentänzer mit Adlerknochenflöte, Salbeikranz und Pfeife.
Zeichnung Thomas Mails.

Sonnenschutz eines Sonnentänzers
aus den Zweigen der Pyramidenpappel.
Foto E. S. Curtis.

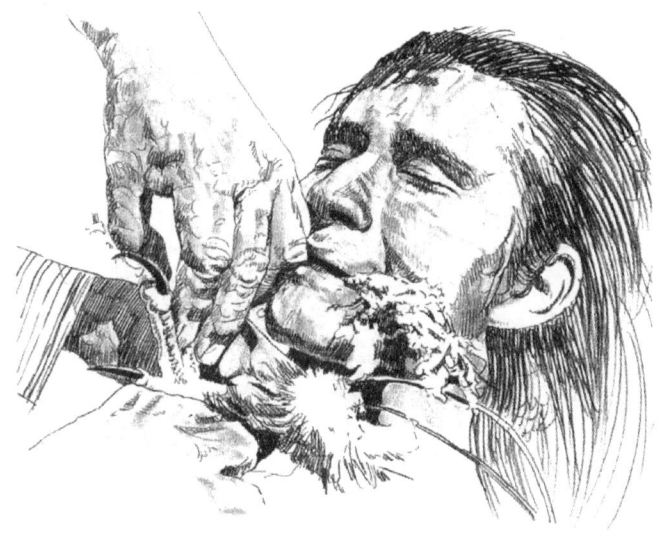

Die Tänzer nehmen oft ein Bündel Salbei in den Mund, auf das sie beißen
können, wenn der Schmerz des Piercings zu stark wird. In Rosebud,
1974, wurden die Piercings traditionell mit Adlerkrallen durchgeführt.
Zeichnung Thomas Mails.

Das für Canyah'u vorbereitete Loch ist tiefer als ein Mann. Auch hier wird die traditionelle Nahrung hineingeworfen, bevor die Sonnentänzer den Riesen mit Seilen nach oben ziehen. Er schwankt, zittert und bleibt aufrecht stehen. Er ist der Baum des Lebens.

An seinen Stamm werden 405 Tabaksbeutel gehängt, die für die unsichtbaren Geister und die sogenannten Steinwesen stehen, die den Menschen aller Nationen helfen. Manchmal hängen diese Beutel jedoch auch auf rot bemalten Stöcken, die das Tanzfeld abgrenzen.

Am Morgen des ersten Tages tauchen die Tänzer in Reih und Glied auf. Sie sind in allen Farben des Regenbogens gekleidet, tragen Arm- und Fußreifen und sind mit Salbeikränzen und zwei Adlerfedern gekrönt. Die Trommel erschallt. Sie treten durch die Ostpforte in den Tanzkreis, bleiben dabei vier Mal stehen und schreiten ihn einmal im Uhrzeigersinn ab.

Ihr Blick gleitet über die Spitzen naher Bäume, um ihre Kraft zu überraschen. So gelangen sie in vier Etappen in den Kreis. Diese Etap-

Hautdurchstechen [10]

pen entsprechen den vier Stufen des Bewußtseins. Dann nehmen sie sich viel Zeit dazu, die vier Himmelsrichtungen mit dem schrillen Pfiff der Pfeife aus Adlerknochen zu begrüßen, bevor sie den Baum ein erstes Mal berühren. Dann legen sie ihre Heilige Pfeife auf die Traubenkirschenäste an der Westpforte.

Nun tanzen sie auf der Ostseite, um die aufgehende Sonne zu begrüßen. Die Trommel ertönt erneut und die Sänger nehmen den Klangraum ein. Nach der ersten "Runde" wird die Pfeife einiger Tänzer unter den vor der Südpforte Versammelten herumgereicht. Im Laufe des Tages haben alle Heiligen Pfeifen der Sonnentänzer diesen Weg genommen. Hinter der Westpforte können die Tänzer unter einem Unterstand für einige Augenblicke rasten, um wieder zu Kräften zu gelangen. Überall liegt Salbei.

Früher waren solche Pausen nicht gestattet. Die Tänzer hatten von Sonnenauf- bis -untergang aktiv zu sein. Doch waren sie auch durch einen anderen Lebenswandel besser auf solche Strapazen vorbereitet.

In der zweiten Runde wird mit dem Durchbohren der Brüste begonnen. Auf der Westseite liegt der Tänzer auf einem Bisonfell. Zwischen seinen Zähnen steckt ein Büschel Salbei, damit er seine Kiefer im Schmerz nicht zu sehr aufeinanderbeißt. Dann werden die Traubenkirschstäbchen unter seine Haut gestochen.

Die Stelle wurde vorher mit catlinitfarbenem Bisonfett rot gekennzeichnet. Früher wurde die Hautstelle zuerst mittels einer Adlerkralle durchstochen. Heute verwendet man dazu ein spitzes Skalpell. Dann wird das dreieckige Ende einer der beiden Schnüre an beiden Enden befestigt.

Vier Tage lang verbringt der Sonnentänzer betend und fastend und folgt dabei dem Lauf der Sonne. Bei Zeichen der Schwäche wird Wacholder um ihn geräuchert, um ihn wieder zu Kräften kommen zu lassen. Auch der Baum des Lebens spendet ihm dann Trost. Er legt Stirn und Hände auf seinen Stamm und läßt seine Schmerzen, leidvollen Erinnerungen und Tränen los. Sein Opfer ist nicht umsonst.

Überall gibt es Salbei zur Reinigung. Jeden Tag gehen die Tänzer in die Schwitzhütte: Zwei Eingänge, d.h. Aufgüsse morgens und zwei am Abend. Die Stimmen der Steine Wakan Tankas, des Großen Mysteriums spenden ihnen Kraft.

Am vierten Tag geht jeder Sonnentänzer viermal zum Baum, bis er sich plötzlich nach hinten losreißt. Das Blut strömt und erinnert an den Lebenssaft des Baumes, der die Verbindung zwischen Himmel und Erde darstellt. Der Adlertanz ist eine von vielen Formen des traditionellen Tanzes. In anderen Formen zog man z.B. einen Bisonkopf hinter sich her, der mit Schnüren an ähnlichen Piercings am Rükken befestigt war, oder die Brustpiercings wurden an Schnüren am Zenit des Zeremonialzeltes befestigt, so daß sich der frei daran hängende Körper so lange drehte, bis die Piercings ausrissen. All dies stellt Formen des Trancetanzes dar.

Freunde und Stamm sind immer im Schatten der nahen Bäume zugegen, um den Tänzern Mut zu spenden. Jeder kann ein Stückchen seines Fleisches opfern ("flesh offering"), welches mit einem Skalpell entfernt wird. Dieses Opfer wird in einem roten Tuch an den Baum des Lebens gebunden, um ihn zu nähren, während Ina Maka, Mutter Erde ein weiteres Jahr zurücklegt. Auch Frauen können tanzen, wenn sie die Familienobhut übernehmen mußten. Sie werden jedoch an den Armen durchbohrt.

Auf die offenen Wunden werden feuchte Tabaksblätter gelegt, die schmerzlindernd und entzündungshemmend wirken. Die Pappel enthält Salizin und Populin und wirkt daher entzündungshemmend und schmerzlindernd, aber auch harntreibend. Aus Rinde und Knospen werden Tees gekocht und Kompressen zubereitet, die auf Wunden und Hautausschlag gelegt werden.

Wenn Canyah'u viel später seine Blätter abgeworfen hat und nur noch die Opfergaben in seinen Ästen hängen, spendet er all denen Trost, die zu ihm kommen, weil sie einen geliebten Menschen verloren haben. Ein Geistesmann hält dazu eine Feier auf der Tanzfläche ab, bei der die Heilige Pfeife geraucht und die traditionelle Nahrung verteilt wird. Dieses Ritual ermöglicht dem Verstorbenen aus der dunklen Unterwelt ins Licht seines Sternes zu steigen. So wandelt er vom Tod in ein Zwischenleben, bis er wiedergeboren wird. Canyah'u ist also ein Tunnel ins Licht, die Heilige Leiter in die göttliche Welt.

Nach einem Sonnenjahr hat Canyah'u seine Aufgabe beendet. Er wird am Morgen des neuen Sonnentanzes aus seinem Loch gezogen und in die Nähe der Schwitzhütte gelegt, um ihr Feuer zu nähren. Die Tänzer nehmen die Opfergaben des Vorjahres ab, um sie aufzuheben oder zu verbrennen. Manche brechen einen dieser Sternäste zur Erinnerung an den letzten Sonnentanz.

So erstrahlt die Pappel ein letztes Mal, um schließlich zu erlöschen und dabei noch stärker und größer zu werden.

---

[10] Thomas E. Mails: *Sundancing at Rosebud and Pine Ridge; Centre for Western Studies, Sioux Falls, 1978.*

Der Höhepunkt der Zeremonie: das Losreißen vom Pfahl.
Originaltitel: pulling back from the rope.
Öl auf Canvas von Thomas Mails.

Fels
und
Weisheit

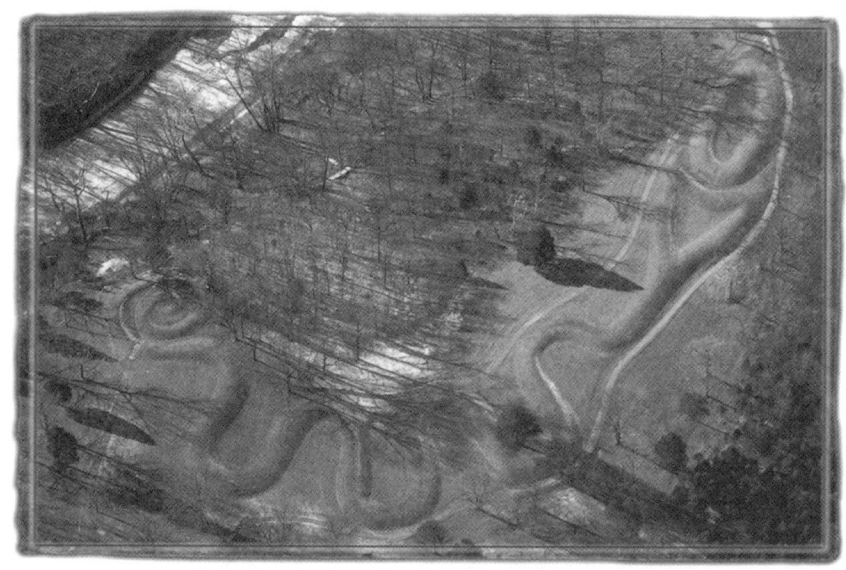

Serpent Mound: Dieses Erdwerk in Form einer Schlange windet sich
- in erstaunlicher Präzision - über einen Bergkamm, Locust Groove, Ohio.
In ihrem Maul hält sie, gebiert oder frißt einen eiförmigen Körper.
Die Entstehungszeit dieser weltgrößten Schlangendarstellung wird auf-
grund von Radiokarbonmessungen auf die Zeit zwischen 1000 v. Chr.
und 700 n. Chr. datiert.

Abbildung S. 185: Bear Butte, South Dakota,
der heilige Berg der Lakota und der Cheyenne.

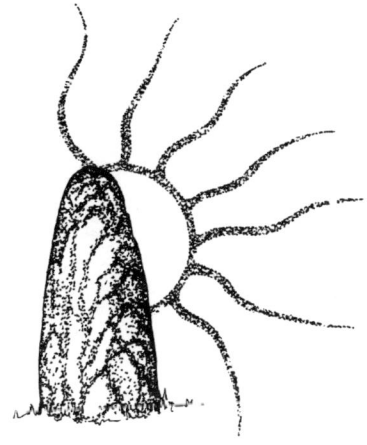

INYAN
DER FELS

Das Totemtier, dessen Geist zwischen Himmel und Erde vermittelt, fungiert als unser spiritueller Vormund und kann uns auf unserem Lebensweg eine ständige Hilfe bedeuten. Durch den Baum und seine "heiligen Früchte" findet der Mensch Halt in seiner Existenz. Der Baum hilft ihm, sich nach oben zur spirituellen Essenz und sein Herz so zu öffnen, daß er das Licht des Bewußtseins auch in seinem Umfeld ausstrahlt. Ohne den Wald wäre die Erde "nur" ein Reich von Mineralien. In seiner Bewegungslosigkeit steht der Fels für die Weisheit dessen, der seine Vergangenheit nicht beklagt und nicht nach der Zukunft strebt, sondern mit seinem ganzen Wesen in der Gegenwart lebt.

Inyan ist die Urquelle allen Lebens, die Verdichtung des Göttlichen und wird als solches als Tunkasila, der Großvater aller Großväter verehrt. Die Schöpfungsgeschichte der Lakotas erzählt, daß zuerst ein riesiger Fels sanft im All schwebte, bis die Sonne Wi ihn mit Staub

Totem

Badlands

beblies, der ihn seinem Urelement entriß. Ein inneres Feuer belebte diesen Fels, welches aus Spalten und Vulkanen hervordrang und durch Kohlen-, Wasser- und Stickstoff eine neue Atmosphäre entstehen ließ. Eine plötzliche Erkaltung ließ den Dampf zu Boden sinken und schuf die Ozeane. So verlor Inyan seine Urenergie und wurde hart, um unsere Mutter Erde zu werden.

Dann entstand das Leben durch "Himmelsboten", womit die Sonnenstrahlen, Einschläge von Meteoriten und Blitze bezeichnet werden. Es dauerte Milliarden von Jahren, bis die ersten Algen sich an den Küsten bildeten und durch die Photosynthese Sauerstoff freisetzten. Die ersten Flechten entstanden und griffen die Algen mit ihrer Säure an. Der Fels wurde zu Sand und zeigte hierdurch, daß er sich für dieses neue Leben geopfert hatte ohne dadurch jedoch seine Essenz zu verlieren.

Jahrmillionen später entstanden Moose und Pilze und bildeten eine feine Erdschicht auf den Felsen. Im Wasser tummelte sich bereits das Leben. Die ersten Farne und Schachtelhalme wuchsen und vor etwa 400 Millionen Jahren schlug der erste Baum seine Wurzeln in den Felsen unter der Erde, den er langsam sprengte. Bald schon bedeckte ein immenser Wald den einzigen Kontinent dieser Welt. Fischarten starben aus und machten anderen Platz. Die ersten Reptilien zogen vom Wasser aufs Land. Der Sauerstoffüberschuß ließ Rieseninsekten und eine überaus reiche Vegetation entstehen. Das Festland teilte sich und befindet sich seither in steter Expansion.

Maka, die Erde durchlief einen ständigen Wechsel zwischen kalten und heißen Phasen, in denen ihre innere Sonne einen Teil ihrer Mineralschätze durch Vulkane und tektonische Risse ausspuckte. Die Pole sprangen. Von dieser Zeit zeugen noch die sogenannten "Steinknochen" des Unhcegila, dem Dinosaurier, die u.a. in den Badlands von South Dakota gefunden werden. Die Berge erhoben sich und ließen sich von Wind und Wasser durch steten Tropfen oder gewaltige Eingriffe der Natur zu Schluchten und Höhlen formen.

Crazy Horse hatte eine seiner berühmten Visionen auf der Spitze des Bear Butte. Aber auch heute zelebrieren die natives dort Visionssuchen und heilige retreats.

Totem

ZEITZEUGEN

Um viele Felsen und Berge ranken sich schon allein aufgrund ihrer Form Legenden, in denen die Grenzen zwischen Wahrheit und Wirklichkeit verschwimmen. Bestimmte Stätten sind heilig, wo die Geschichte seit Menschengedenken in Petroglyphen aufgezeichnet wurde. Auch heute noch werden sie bei den Sommersonnenwenden von den Medizinmännern erläutert. Painted Rocks in Montana, wo auch die Schlacht am Little Big Horn von 1876 festgehalten wurde, ist eine dieser Stätten.

Schon sehr früh war der Fels die Grundlage profaner wie auch sakraler Aufzeichnungen der Menschen. Höhlenmalereien deuten darauf hin, daß die spirituelle Essenz im Inneren des Felsen gefühlt wurde, daß der Funken dieser Spiritualität jedoch untrennbar mit dem Tier verbunden war. Dieser Funken entstand ja nicht nur zufällig durch das Zusammenschlagen zweier Steine. Und nicht zuletzt waren es ja auch die ersten Werkzeuge und Waffen aus Stein, die die Überlegenheit des Menschen ausmachten.

Später lernten die Menschen, Megalithen auf Knoten von Erdstrahlen zu setzen, deren Umgehung Stärkung und Heilung brachte. Je nach ihrer Form haben solche Steine andere Zwecke. Menhire, Dolmen, Steinkreise und -alleen sind Zeugnis eines alten Wissens, welches uns heute nur noch schwer zugänglich ist. Manchmal sind Spiralen in die Felsen geritzt, welche je nach ihrer Ausrichtung sowohl für die Reise eines Verstorbenen oder den Lebensweg eines Menschen als auch den spirituellen Weg der Befreiung durch das Herz stehen. Die Steinkreise und -reihen dienten meist astronomischen Zwecken.

Durch das Behauen des Steines verfeinert der Mensch das Sein und versucht sich dadurch dem Göttlichen zu nähern. Aus diesem Grund wurden Heiligtümer, Tempel und Grabmäler seit jeher aus Stein gebaut.

SCHÖNHEIT UND REICHTUM

Im Stein, dem alchimistischen Werk unserer Erde, steckt alle Schönheit und das ganze Geheimnis der Schöpfung. Edelsteinen und Halbedelsteinen wohnen die verschiedensten Kräfte inne. Sie beruhigen, heilen oder schenken Kraft. Jeder Stein hat seine eigene Sprache und wirkt durch seine ihm eigene Struktur anders auf den Menschen. Es heißt, daß nicht wir bestimmte Steine finden, sondern sie uns, um uns ihren Schutz anzubieten.

Diese besonderen Eigenschaften der Steine wurden seit jeher gesucht. Der sogenannte "primitive" Mensch bediente sich ihrer recht sparsam. Erst im Industriezeitalter entledigte künstlich erzeugtes Verlangen den Menschen jeder Zurückhaltung. Der Fels wird gesprengt, aufgerissen und zerschlagen, um ihm möglichst viel seiner Reichtümer zu entlocken. Das gilt nicht zuletzt auch für seine fossilen Ressourcen.

In der Antike galt das Gold als Sonnensymbol. Außerdem ist es leicht formbar und rostet nicht. Die "zivilisierten" Europäer zog es von weither an und war wohl einer der Hauptgründe für die schlimmsten Massaker der Menschheit. Und noch immer meint man im Westen, daß man mit Geld alles kaufen könne... Zur Zeit des Goldfiebers wurden ganze Berge, wie die Black Hills, abgetragen und man entriß der Erde in wenigen Jahrzehnten, was sie in ewiger Geduld langsam hervorbrachte. Manche Goldmine lag in den heiligen Gefilden der Indianer. Sie beteten an den von der Magie der Elemente gezeugten Formationen, und die Vorstellung etwas zu "verkaufen" war ihnen völlig fremd. Was für sie zählte, war die Achtung, die sie den Dingen entgegenbrachten.

Sonnenmaske der Bellacoola-Indianer, 19. Jhd., British Columbia.
American Museum of Natural History, NY.

BLUTSTEIN

Die Lakotas verehren den Catlinit, einen roten Steatit, der in Minnesota vorkommt. Sie sagen, dieser Stein sie das geronnene Blut ihrer Vorfahren, die in der großen Sintflut untergingen. Daher stellen sie vor allem die Köpfe der Heiligen Pfeife Canunpa aus Catlinit her, die Mutter Erde und ihr inneres Feuer symbolisiert, welches das Gleichgewicht aller Dinge wahrt. Zusammen mit dem Pfeifenrohr aus Eschenholz, welches das Pflanzenreich repräsentiert, wird Canunpa zum Symbol der begreifbaren positiven und negativen Kräfte. Diese Energien müssen mit einem reinen Herzen gelenkt werden, da sie der Hauch des Lebens selbst sind.

Rauchen ist beten. Wir schicken unsere Stimme durch die Vermittlung der Vier Winde und der Mutter Erde an Wakan Tanka, das Große Mysterium, damit es die schlechten Einflüsse von unserem Lebensweg nimmt. Deshalb ist Rauchen ein Ausdruck des Friedens. Mit der Pfeife ist man nicht mehr alleine und kennt keinen Hunger mehr. Bei den Kriegerstämmen der Akicita gab es einen eigenen Pfeifenträger, der Streitfragen zu schlichten hatte.

Der Catlinit ist von feinen Adern durchzogen, die manchmal eigenartige Tierformen ergeben können, die den Bearbeiter besonders ansprechen. Es heißt, dieser Stein berge das Wesen des Wandels. Vielleicht ist er auch gerade deshalb so leicht zu bearbeiten. Den feinen, roten Staub, der dabei übrig bleibt, mischte man mit Bisonfett, um damit Gesicht und Körper zu bemalen und auch Häute zu färben. Auch heute noch wird kein Gramm dieses Pulvers verschwendet.

Normalerweise ist die gebogene Pfeife den unverheirateten Männern und Frauen vorbehalten. Mit einem Fuß wird sie zur Familienpfeife. Ein Perlenbeutel, der bestimmten Visionen oder Träumen nachempfunden ist, beschützt sie gegen negative Einflüsse. In den Fransen fängt sich Skan, die Bewegung.

Frauen sollen das Pfeifenritual während der Menstruationszeit meiden, da sie in dieser Phase selbst zu einem "kräftigen Vulkan" werden. Durch den Umstand, daß in diesen Tagen ihr "inneres Feuer" an den Tag tritt, könnte die ursprüngliche Absicht des Rituals verfälscht werden.

Jedes Gesuch an einen Medizinmann wird von der Canunpa begleitet, deren Kopf in den Farben der vier Himmelsrichtungen gehalten sein kann: Schwarz, Rot, Gelb und Weiß.

Picket Pin, ein Oglala-Sioux, beim Gebet mit der Pfeife.
Foto E. S. Curtis.

DIE RUNDE

Als die Weiße Bisonfrau den Menschen die erste Pfeife brachte, hielt sie in ihrer anderen Hand einen runden Stein, auf den sieben Kreise gemalt waren. Solche Steine findet man nicht nur in Dakota, sondern auch in Australien. In beiden Fällen sind diese Lavasteine Kultobjekte der Ureinwohner.

Unabhängig von seiner Größe muß einem solchen Stein größte Hochachtung geschenkt werden, da er sonst plötzlich verschwindet. In der Größe eines Kieselsteins wird er deshalb in einem Totembeutel in einem Bett aus Salbei um den Hals getragen, um dem Träger Schutz zu bieten. Die Legenden erzählen, daß diese Steine ihre Form bekamen, weil sie ständig auf Sonne und Mond blickten.

Auch anderen von Wind und Wasser geschliffenen oder vom Blitz verglasten Steinen und Meteoriten kann eine besondere Kraft innewohnen, die Sicun genannt wird. Dies ist einer der 405 Geister aller Dinge, den Großvater Fools Crow den Steingeist nannte und als einen Geist bezeichnet, der die gesamte Menschheit unterstützt.

Diesen Geistern wird durch die sogenannten Tobacco Ties gedankt. Dabei handelt es sich um kleine Tabaksbeutel, die durch ein und denselben Faden verknotet und zusammengehalten werden. In nächtlichen Zeremonien werden sie zu einem großen Ball zusammengerollt, damit die Essenz der Tabaks von den Schutzgeistern empfangen werden kann.

Als Verbindungsglied zwischen der stofflichen und spirituellen Welt ist der Stein also keineswegs unbeweglich. In den nächtlichen Heilritualen Yuwipi und Olowanpi darf der Stein nicht fehlen. Denn nur sein Sicun kann dem Medizinmann genaue Aufschlüsse über die Krankheit geben.

In der Yuwipizeremonie werden dem Medizinmann mit sieben Knoten die Hände auf dem Rücken gefesselt. Unweit des kleinen Erdkegels,

Totem

*Der Medizinmann wird zu Beginn der Yuwipi-Zeremonie festgebunden.
In diesem Moment betet er zu den Vier Winden und den Vier Richtungen.*

der aus der Erde eines Maulwurfshügels aufgehäuft wurde, wird er dann mit dem Bauch auf den Boden gelegt. Der Maulwurf verfügt ja über die absolute Erkenntnis.

Der Zusammenhalt aller Teilnehmer ist nötig, damit die Geister nicht gestört werden und in diesem Ritual den Energiestau entbinden, der hier durch die sieben Knoten symbolisiert wird. Die mit den kleinen, durchsichtigen Steinen der Ameisenhaufen gefüllten Rasseln werden heftig im Lärm der Blitze geschüttelt.

Plötzlich ist alles wieder still. Der Medizinmann spricht ohne bestimmtes Ritual mit den Steinen, woraus sich ein regelrechter Dialog entwickeln kann, der für Außenstehende in dieser pulsierenden Atmosphäre, in der man das Gefühl hat, alles würde von bläulich flackerndem Licht durchflutet, eher wie ein Monolog wirkt. Um ein Mann der Steine werden zu können, muß man vier Jahre lang jeweils vier Tage das Yuwipiritual feiern, eins für jede Himmelsrichtung.

Manchmal wird ein Blitzstein auf den Patienten gelegt, damit seine spirituelle Kraft in ihm wirken kann. Dabei spricht der Medizinmann sinngemäß:

"Ich bin der heilige Stein. Ich bin der Stein aus der Mitte der Welt. Ich gehe in dich ein und wenn ich wieder herauskomme, wird kein Leid mehr in dir sein."

Der Blitzstein muß nach seiner Verwendung wieder "aufgeladen" werden, was in der Schwitzhütte geschieht, wenn alle Teilnehmer sie verlassen haben. Dieser ewige Stein, der nie geschaffen wurde und nie aufhört zu sein, steht in Verbindung zur Spinne.

Totem

Heisse Steine

Manchmal tanzt Tunkasila und zeigt dadurch seine Macht. Dies geschieht, wenn blaue Funken auf den Tunkan, den heißen Steinen der Schwitzhütte erscheinen und die Anwesenden erleuchten. Für den Medizinmann setzt dies zusätzliche Heilkräfte frei. Die Steine zerbersten, sprechen und die Glut ihrer Gesichter überliefert Botschaften an all die, die in der Lage sind, sie im Salbeidampf zu verstehen.

Die Steine der Schwitzhütte werden mit großer Sorgfalt ausgewählt und können wiederverwendet werden bis sie all ihre Energie zum Ausdruck gebracht haben. Durch Frost spröde gewordene Steine, Feuersteine und Schichtsteine scheiden von vornherein aus. Besonders gesucht sind hingegen Vulkan-, Sand- und anderes Sedimentärgestein.

Steckt in diesen Steinen, die uns in der Schwitzhütte erwärmen, der Geist des Universums, so sind sie zugleich auch ein Teil unserer Vorfahren, da sich Spuren von Pflanzen oder Tieren in ihnen finden können. In der feuchten Dunkelheit der Schwitzhütte gehören alle Wesen einem einzigen Volk an. In dieser Gebärmutter entdecken sie alle den inneren Weg ihrer Seele. Es heißt: "Hier liegt die Asche unserer Vorfahren."

... Die Glut verglimmt und wirft ihren roten Schein auf den vom Blizzard gepeitschten Schnee. Der Mensch in seiner feuchtwarmen Blase, in der alle Vorstellungen von Raum und Zeit ihre Gültigkeit verlieren, hat die Verbindung zur Natur mit all ihren sichtbaren und unsichtbaren, beweglichen und unbeweglichen Wesen wiederhergestellt.

Im Süden mitten auf dem zugefrorenen See jault ein Hund. Der Diener des Feuers bringt vorsichtig den letzten Stein herein, der zischend seinen Platz auf den anderen findet. Er hat die Form eines Herzens und scheint zu zittern. Auf seiner Spitze erkennt man den

Reiter bringen frische Weidenäste für die Schwitzhütte.
Foto J. Bruchac.

Schwitzhüttengerüst mit Büffelschädel und Salbei.
Foto J. Bruchac.

Schwitzhüttenritual.
Foto J. Bruchac.

Schwitzhütte, traditionell gedeckt mit Fellen.
Rechts vor dem Eingang das Gestell für die Pfeifen.

Atem einer kleinen Tiernase und darüber beginnen kleine Augen zu funkeln. Ein Hund! Ja, plötzlich erkennt er Perdido, den Gefährten seiner Kindheit, den seine Eltern absichtlich an einer Straßenkreuzung seinem Schicksal überließen, und von dem er erst viel später erfuhr, daß ein verrückter Nachbar ihn erschossen hatte. Diese verdrängte Erinnerung dringt nun ebenso unvermittelt wie erschreckend in sein Bewußtsein. Wie in Trance bahnt sich der Stein einen Weg in sein Herz, um dort uralte Worte zu hinterlassen: "Vergib ihnen, denn sie wissen nicht, was sie tun!"

Ihm ist, als ob sich eine Gräte aus seiner Kehle löse. Plötzlich kann er wieder frei atmen. Eine Welle löscht die Veränderung der flüsternden Steine, die funkelnd und langsam, ohne jegliche Agonie erkalten. Er wird Inyan, der Fels und Maka, die Erde, deren Schweiß die Bedingung jeden Lebens darstellt. Der Dank für die Gabe, die er soeben erhielt, beginnt in regenerierenden Tränen aus ihm herauszufließen.

Wie ein Neugeborener kommt er aus der Schwitzhütte. Sein Herz ist besänftigt, sein Bewußtsein klar und neu. Seine Lippen sprechen ganz ohne sein Zutun "Mitakuye Oyasin". Ja, sie waren wirklich alle eins: Steine, Pflanzen, Tiere und Menschen. Eine große, symbiotische Familie.

Anhang

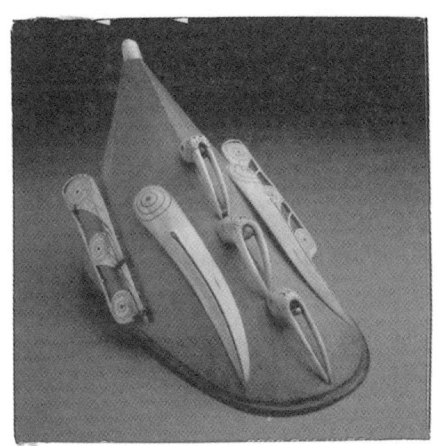

Totem

AUSSPRACHEREGELN

Das Lakota ist eigentlich keine Schriftsprache. Wird sie auf Papier übertragen, so können bestimmte Buchstaben mit Akzenten oder Punkten versehen sein. Hier nur eine kurze Übersicht:

c	tsch	Canupa - "Tschanupa"
s̀	sch	Sungila - "Schungrila"
ġ	gr	Kangi - "Kangri"
ḣ	rr	Hante - "Rrante"
k̇	kr	S̀unkawak̇an - "Schunkawakran"
ṗ	pr	Ṗes̀a - "Prescha"
t	tr	Ṫatanka - "Tratanka"

Hier also noch einmal in der Reihenfolge der Behandlung im Buch, die Namen, bei denen diese besonderen Aussprache zur Geltung kommen. Während das "c" also immer "tsch" ausgesprochen wird, gibt es für die oben angeführten Selbstlaute immer die aspirierte Variante.

Mak̇a, die Erde (aber Maka, das Stinktier)
Kanġi, der Rabe
Sunk̇awakan, das Pferd
Sunka, der Hund
Agles̀ka, die Eidechse
Sunġila, der Fuchs
Wah̀inheya, der Maulwurf
Ṫazus̀ka, die Ameise
Ṫatanka, das Bison
Maga Ks̀ica, die Ente
Ṫa, der Elch
Hitunkas̀an, der Hermelin
Pah̀in, das Stachelschwein
Tah̀ca, der Hirsch

204

Igmu Ṫanka, der Puma
Waglesk'ṡun, der Truthahn
Maṫo, der Bär
Sunkamanituṫanka, der Wolf
Sunkmanitu, der Koyote
Ḣante, der Wacholder
Canṡaṡa, der Kornelbaum
Ṗeṡa, der Kopfschmuck
Ṫunkaṡila, Großvater aller Großväter

Totem

Eigenschaften \ Tier	Die Schwalbe	Die Libelle	Der Rabe	Die Spinne	Das Pferd	Die Schlange	Der Hund	Die Schildkröte	Die Eidechse	Der Dachs	Der Fuchs	Der Maulwurf	Die Ameise	Der Biber	Das Bison	Die Ente	Der Elch	Die Gans	Das Stinktier
Aggressivität			x			x													
Angst										x							x		
Anmut																			
Anpassungsvermögen										x									
Arbeitssamkeit			x																
Aufrichtigkeit						x													
Ausdauer					x		x						x						x
Behendigkeit																			
Bescheidenheit																			
Berechnung				x															
Beständigkeit	x																		
Blindheit												x							
Bosheit						x													
Dieberei																			
Effektivität									x										
Emsigkeit											x								
Eleganz																			x
Energie														x					
Erfindungsgeist																			
Erhabenheit				x															
Erleuchtung																			
Erkenntnis																			
Erneuerung	x	x			x			x							x				
Erregbarkeit																			
Faulheit								x											
Fruchtbarkeit	x				x							x	x						
Führungskraft														x					
Gaukelei																			
Gefräßigkeit																			

Eigenschaften	Die Schwalbe	Die Libelle	Der Rabe	Die Spinne	Das Pferd	Die Schlange	Der Hund	Die Schildkröte	Die Eidechse	Der Dachs	Der Fuchs	Der Maulwurf	Die Ameise	Der Biber	Das Bison	Die Ente	Der Elch	Die Gans	Das Stinktier
Geduld					x														
Gefahrenbewußtsein																			
Gelassenheit																			
Genauigkeit																			
Genügsamkeit						x													
Geschmeidigkeit																			
Gewalttätigkeit										x									
Gleichgültigkeit																x			
Grausamkeit													x						
Gutmütigkeit																			
Harmonie				x															
Hellsichtigkeit							x												
Heilung			x																
Hilfsbereitschaft																			
Hingebung																			
Hoffnung																x			
Ignoranz						x													
Illusion		x																	
Immobilität						x													
Intelligenz																			
Intuition																			
Instinkt																			
Jähzorn																	x		
Klugheit																		x	
Koketterie																			
Langsamkeit								x											
Launenhaftigkeit																			
Lebhaftigkeit																			
Leichtigkeit																			

Totem

Eigenschaften	Die Schwalbe	Die Libelle	Der Rabe	Die Spinne	Das Pferd	Die Schlange	Der Hund	Die Schildkröte	Die Eidechse	Der Dachs	Der Fuchs	Der Maulwurf	Die Ameise	Der Biber	Das Bison	Die Ente	Der Elch	Die Gans	Das Stinktier
Listigkeit/Schläue										x	x								
Machthunger										x									
Mut					x														x
Mutterliebe																			
Nächstenliebe																			
Naivität																			
Organisationstalent														x					
Pingeligkeit																			
Raubgier					x														
Regeneration																			
Reichtum														x					
Reinheit																			
Reizbarkeit														x					
Scheu																			
Scharfsicht																			
Schnelligkeit											x								x
Schönheit																			
Schöpfung														x					
Schutz																			
Selbstsucht																			
Sorgfältigkeit																			
Stabilität									x					x					
Starrsinn						x		x											
Stolz																			
Symbol des Wandels		x																	
Symbol des Lebens		x															x		
Täuschung																			
Treue	x																		x
Überfluß														x					

208

Eigenschaften	Die Schwalbe	Die Libelle	Der Rabe	Die Spinne	Das Pferd	Die Schlange	Der Hund	Die Schildkröte	Die Eidechse	Der Dachs	Der Fuchs	Der Maulwurf	Die Ameise	Der Biber	Das Bison	Die Ente	Der Elch	Die Gans	Das Stinktier
Unabhängigkeit																			
Unberechenbarkeit																			
Ungeduld																			
Ungezähmte Kraft																x			
Unterscheidungskraft														x					
Verletzlichkeit																			
Verschlingend				x															
Verschlossenheit												x	x						
Verspieltheit																			
Vertrauen																			
Verwurzelung																			x
Voraussicht			x											x					
Vorsicht																			
Vorsorge													x						
Wachsamkeit																		x	
Wandlungsfähigkeit																			
Weiblichkeit														x					
Weisheit						x							x						
Widerstandskraft																	x		
Zänker																	x		
Zerbrechlichkeit																			
Zerstörung											x			x					
Zerstreutheit	x																		
Zorn										x									

Totem

Eigenschaften \ Tier	Das Rebhuhn	Der Hermelin	Der Adler	Der Falke	Der Schmetterling	Das Stachelschwein	Der Hirsch	Die Antilope	Der Puma	Der Luchs	Der Truthahn	Der Bär	Die Eule	Das Kaninchen	Der Wolf	Der Otter	Die Maus	Der Koyote
Aggressivität									x						x			
Angst																		
Anmut									x									
Anpassungsvermögen																		
Arbeitssamkeit																		
Aufrichtigkeit																		
Ausdauer																		
Behendigkeit		x																
Bescheidenheit																	x	
Berechnung																		
Beständigkeit																		
Blindheit																		
Bosheit																		
Dieberei																	x	
Effektivität																		
Emsigkeit																		
Eleganz																		
Energie									x									
Erfindungsgeist																x		
Erhabenheit																		
Erleuchtung	x																	
Erkenntnis			x															
Erneuerung					x										x			
Erregbarkeit									x									
Faulheit														x				
Fruchtbarkeit							x								x			
Führungskraft																		
Gaukelei													x					
Gefräßigkeit									x									

Tier / Eigenschaften	Das Rebhuhn	Der Hermelin	Der Adler	Der Falke	Der Schmetterling	Das Stachelschwein	Der Hirsch	Die Antilope	Der Puma	Der Luchs	Der Truthahn	Der Bär	Die Eule	Das Kaninchen	Der Wolf	Der Otter	Die Maus	Der Koyote
Geduld																		
Gefahrenbewußtsein														x				
Gelassenheit									x									
Genauigkeit	x																x	
Genügsamkeit																		
Geschmeidigkeit									x									
Gewalttätigkeit																		
Gleichgültigkeit									x									
Grausamkeit																		
Gutmütigkeit									x									
Harmonie																x		
Hellsichtigkeit													x					
Heilung																		
Hilfsbereitschaft															x	x		
Hingebung															x			
Hoffnung																		
Ignoranz																		
Illusion																		
Immobilität																		
Intelligenz			x										x					
Intuition												x						
Instinkt												x						
Jähzorn																		
Klugheit																		
Koketterie															x			
Langsamkeit																		
Launenhaftigkeit													x					
Lebhaftigkeit	x						x											
Leichtigkeit				x														

Totem

Eigenschaften	Das Rebhuhn	Der Hermelin	Der Adler	Der Falke	Der Schmetterling	Das Stachelschwein	Der Hirsch	Die Antilope	Der Puma	Der Luchs	Der Truthahn	Der Bär	Die Eule	Das Kaninchen	Der Wolf	Der Otter	Die Maus	Der Koyote
Listigkeit/Schläue																		
Machthunger		x																
Mut									x									x
Mutterliebe												x						
Nächstenliebe										x								
Naivität											x							
Organisationstalent																		
Pingeligkeit																	x	
Raubgier																		
Regeneration															x			
Reichtum																		
Reinheit	x							x										
Reizbarkeit																		
Scheu	x																	
Scharfsicht									x	x			x					
Schnelligkeit			x	x				x	x									
Schönheit					x	x										x		
Schöpfung																		
Schutz												x						
Selbstsucht					x													
Sorgfältigkeit																	x	
Stabilität																		
Starrsinn																		
Stolz							x											
Symbol des Wandels					x													
Symbol des Lebens																		
Täuschung	x																	
Treue																		
Überfluß						x												

Eigenschaften (Tier)	Das Rebhuhn	Der Hermelin	Der Adler	Der Falke	Der Schmetterling	Das Stachelschwein	Der Hirsch	Die Antilope	Der Puma	Der Luchs	Der Truthahn	Der Bär	Die Eule	Das Kaninchen	Der Wolf	Der Otter	Die Maus	Der Koyote
Unabhängigkeit							x											
Unberechenbarkeit														x				
Ungeduld			x									x						
Ungezähmte Kraft																		
Unterscheidungskraft													x					
Verletzlichkeit						x												
Verschlingend																		
Verschlossenheit																		
Verspieltheit																x		
Vertrauen						x												
Verwurzelung																		
Voraussicht																		
Vorsicht														x				
Vorsorge																		
Wachsamkeit																		
Wandlungsfähigkeit													x					
Weiblichkeit	x				x													
Weisheit													x					
Widerstandskraft																		
Zänker																		
Zerbrechlichkeit								x										
Zerstörung							x											
Zerstreutheit	x																	
Zorn																		

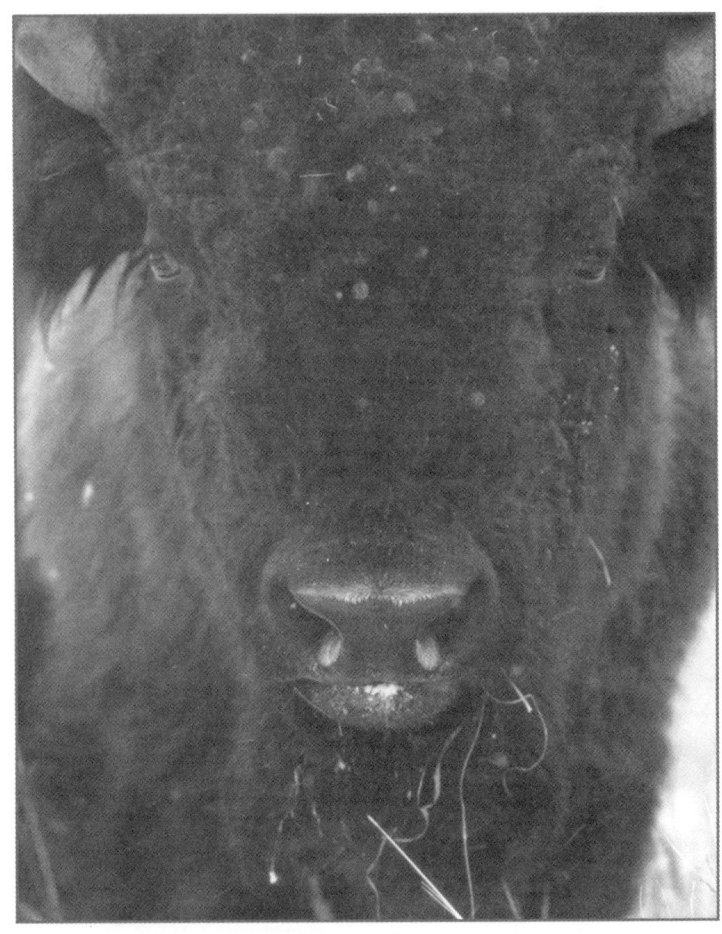

*Abb. S. 215: Dieses Haus beschützt eine Sippe, die väterlicherseits
den Adler und mütterlicherseits den Grizzlybären im Wappen führt.
Beide Bären beschützen eine menschliche Figur,
möglicherweise Sippenmutter und –vater.
Foto E. S. Curtis.*

Fotos der Seiten 206 - 209 und 211 von E. S. Curtis.

TOTEMISMUS IN EUROPA
(von Björn Ulbrich)

Das vorliegende Buch erschließt uns die Welt und die Spiritualität der Plains-Indianer. Es verzichtet dabei bewußt auf eine esoterische Bedeutungsüberhöhung, die historisch nicht gesichert ist, sondern hält sich an die Fakten und die mündliche Überlieferung.

So viel es hier über die indianischen Totem- und Krafttiere und die damit verbundenen Rituale vermitteln konnte, so wenig zeigt es, wie man heute als Europäer sein Totemtier finden bzw. erfahren könnte. Aber gerade wir Europäer suchen doch heute wieder die verborgenen Wege und die Anbindung an das Wissen der *alten Dinge*.

In Übereinstimmung mit der Autorin soll an dieser Stelle der Bezug zur Praxis hergestellt und der Blick über den Tellerrand auf andere Kulturen, in diesem Fall auf unsere eigene, gewagt werden. Die nachfolgenden Ausführungen stellen die Verbindung zu heute und zu Europa her, ohne jedoch die indianische Tradition zu verwässern. Nach einigen theoretischen Anmerkungen enthalten sie kurze, aber praktische Hinweise zu Techniken, mit deren Hilfe man die Suche nach seinem Totemtier aufnehmen kann. Dann folgt eine Auswahl an Totems und ihre Bedeutung im keltisch-germanischen bzw. indoeuropäischen Kulturraum. Eine kleine Liste mit Entsprechungen zwischen Totems und deutschen Vornamen rundet ab.

Was spricht dagegen, sich Anregungen aus traditionellen Kulturen zu holen, um daraus kraftvolle und vor allem ehrliche (!) Rituale für moderne Menschen in ihren aktuellen kulturellen, sozialen, gesellschaftlichen und religiösen Zusammenhängen zu erschaffen? Trauen wir uns doch ...

Totem

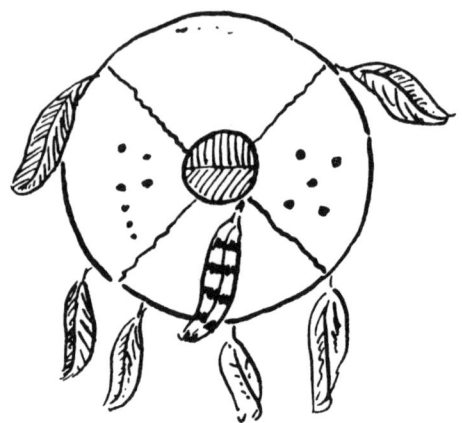

Der Begriff Totem bedeutet Verwandtschaft und Schutzgeist. Das Wort selbst leitet sich aus *ototeman* ab, was in der Sprache der nordamerikanischen Algonkin-Indianer soviel bedeutet wie "er ist aus meiner Verwandtschaft".

In der mystischen Vorstellung vieler Naturvölker gibt es eine Schicksalsgemeinschaft zwischen dem Menschen und ausgesuchten Dingen oder Ereignissen der ihn umgebenden Natur, also zum Beispiel zwischen Mensch und Tier, aber auch mit Pflanzen, Steinen, Farben und Himmelsrichtungen. *Makwa nindotem* heißt auf Ojibwa "der Bär ist mein Klan". Aber auch einige Gegenstände oder Orte können zu Schutzgeistern werden, vor allem, wenn sie irgendeine Beziehung zum Tod haben, z.B. Gräber, Knochen oder Zähne.

Totemgeister beschützen den Menschen, der sich ihnen als Mitglied des Familienverbandes unterstellt und sie ehrt. Im Totemtier wird der eigene Ahne wiedererkannt und gefühlt, es gilt als *tabu* und darf weder gejagt, noch getötet oder gar verzehrt werden.

Die Totempfähle der indianischen Stämme im Nordwesten der USA bzw. der Pazifikküste symbolisieren die sakrale Beziehung zwischen dem Stamm bzw. dem Klan und den als heilig empfundenen Ahnen. Die kunstvoll beschnitzten Stämme werden aufgestellt, um das Erbe, das Land und den Stamm zu beschützen.

Bei religiösen Zeremonien verkörpert der Träger einer Totemmaske die kräftigen Ahnengeister und verdeutlicht damit die Klans-zugehörigkeit. Der Objibwa Peter Jones beschrieb 1858 fünf Stammesmerkmale, die sich aus dem Totem ableiten. Erstens: es gibt verwandtschaftliche Beziehungen in den Stammesgruppen, den Klanen, welche auch über die Grenzen des Klansgebietes hinausreichen. Zweitens: der Klan trägt den Namen des Totems und unterscheidet sich damit von anderen Klans. Drittens: der Totemname wird im Sinne einer mystischen Vererbungstheorie in eine enge Beziehung zu den Klanmitgliedern gesetzt, so daß das Totemtier, die Totempflanze, das Totemphänomen als zum Klan gehörig angesehen wird. Viertens: dem Totem wird daher religiöse Verehrung zuteil, welche mit verschiedenen Tabus, Riten und religiösen Vorschriften verbunden ist, die darauf hinauslaufen, das Totem nicht zu töten, zu essen, zu beschädigen oder zu verletzen. Fünftens: die Totemgemeinschaft verpflichtet die Klans und die Angehörigen zu gegenseitiger Hilfe und Fürsorge. Jones heiligt das *toodaim* ausdrücklich, damit niemals vergessen werde, daß "alle miteinander verwandt seien". Das Totem ist damit Ursprung, hier nimmt alles seinen Anfang: die gesellschaftliche Ordnung, die Beziehung zum Großen Geheimnis und unser Verhältnis zur Natur, zu Mutter Erde.

Wer sein Totem verletzt oder gar tötet, verletzt oder tötet sich damit nur selbst. Die Zerstörung dieses Verwandtschaftsverhältnisses kommt einer Zerstörung der als heilig empfundenen Seelen-Familie gleich. Peter Gerlitz schreibt in seinem Buch *Mein Totem ist zornig. Mensch und Natur in archaischen Kulturen:* "Da das Totem die Seele und das Leben der aus Menschen und Tieren bestehenden totemistischen Gemeinschaft ist, ist das mythische Urbild dieser totemistischen Gemeinschaft die Seele und das Leben schlechthin ... Wer gegen das Leben verstößt, das Menschen und Tieren gemeinsam ist und sie miteinander verbindet, der verwirkt sein eigenes Leben."

Gewiß, das sind harte Worte, die so gar nicht in unsere *Spaß*gesellschaft passen. Aber machen verschmutzte Flüsse, radioaktiv verseuchte Landstriche, BSE-Rinder, Hühner in Legebatterien, Gen-Mais oder gar geklonte Lebewesen wirklich *Spaß?* Manchmal sind harte Worte notwendig, um nicht zu vergessen, daß "alles mit allem verwandt ist".

Totem

Es gibt einige Techniken, die uns helfen können, unser Totem zu finden. Dies kann, aber muß nicht mittels veränderter Bewußtseinszustände geschehen. Nicht jede Technik wirkt an jedem Ort zu jeder Zeit innerhalb jeder Situation bei jedem von uns gleich. Erfolg kann nicht garantiert werden. Es liegt an Ihnen, für welchen Pfad Sie sich entscheiden und wie weit Sie ihn gehen. Je intensiver Sie sich spirituell vorbereiten, um so höher ist die Wahrscheinlichkeit, zum gewünschten Ergebnis zu kommen. Ein jeder kann seinen Schutzgeist finden, wenn er zu einer gewissen Willensanstrengung und Konzentration bereit ist. Meist ist es sinnvoll, mehrere Techniken miteinander zu kombinieren. Aber Vorsicht: die Geister lassen sich nicht erpressen! Und: jedes dieser Rituale stellt ein mächtiges Werkzeug dar, welches nicht mißbraucht werden darf!

Erbschaft

Ihre Familie bzw. Ihr Klan besitzt bereits ein Totem, welches Ihnen in einer Zeremonie übergeben worden ist. Es kann aber auch sein, daß die Übertragung der Totemkraft von den Geistern und Ahnenseelen in einem Vorladungs-Traum erfolgt, welcher eine Art Erberinnerung darstellt. Das ist eine äußerst ambivalente Sache: Sie haben das Glück, einer alten und starken Totemgemeinschaft anzugehören und Sie haben das Pech, sich das nicht aussuchen oder gar zurückweisen zu dürfen, denn, so sagt man, wenn der Erbe die Kraft nicht annimmt, wird er krank oder ist zum Scheitern verurteilt.

Der eigene Name

In archaischen Kulturen weist der persönliche Name weit über die reduzierte Bedeutung hinaus, die wir ihm heute zugestehen. Wer von uns kann denn schon einen schamanischen Namen sein Eigen nennen, der in einer Zeremonie - sei es von den Eltern zur Geburt, sei es von den Frauen zur ersten Menstruation, sei es im Kreis von Männern nach einem Initiationsritus – übergeben wurde? Dieser schamanische oder Totemname vermittelt den Sinn und repräsentiert die Haltung, die für das Leben und die Gesittung des Trägers kennzeichnend sind. Unsere keltischen und germanischen Vorfahren meinten damit nicht nur Volks- und Sippenzugehörigkeit, Kraft- und Wehrhaftigkeit, sondern z. B. auch: Tapferkeit, Mut, Beharrlichkeit, Stolz, Ehre, Ruhm, Freiheit, Herrentum, Frohsinn, Freude, Glanz, Anmut, Schönheit, Zucht, Weisheit, Rat, Besonnenheit, Wahrheit. Am Ende des Kapitels finden Sie eine kleine Liste mit Entsprechungen zwischen einigen Totems und deutschen Namen.

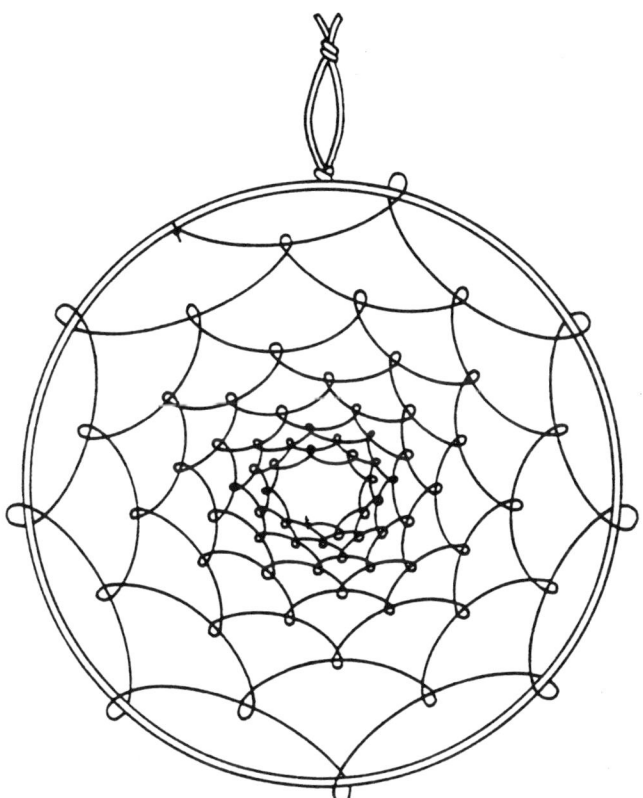

Traum

Der Traum gilt allgemein als Voraussetzung für totemistisches Denken. Auch unsere Altvorderen wußten um die Realität der Traumerfahrung. Im Totem-Traum erhalten wir Gewißheit, daß Vorfahren und Nachfahren eins sind, hier erleben wir die *unio mystica*, in der wir erfahren, daß die Urzeit nie abgeschlossene Vergangenheit ist, sondern gegenwärtig bleibt, indem sie sich jetzt und hier neu ereignet. "Im Traum gewinnt man wieder den Anschluß an das heilige Leben par excellence und stellt die direkten Beziehungen zu den Göttern, den Geistern und den Seelen der Ahnen wieder her. Nur im Traum vermag man die geschichtliche Zeit abzuschaffen und die mythische wiederzufinden", schreibt Mircea Eliade in seinem Standardwerk *Schamanismus und archaische Ekstasetechnik* und führt weiter aus: "Die Träume haben zwar kein starres Szenario, sind aber nichtsdestoweniger steroetyp: man träumt von Gei-

219

stern und Ahnen oder hört ihre Stimmen (Lieder und Unterweisung). Nur im Traum empfängt man die Initiationsregeln (Lebensweise, Tabus, usw.)". Totem-Träume kommen unwillkürlich und spontan, manche beginnen schon in der Kindheit. Wenn man in sich die Anlage dafür trägt, kann man mit einigen der unten angeführten Techniken seinen Traum herauskitzeln. Doch Vorsicht: Ein Traum muß befolgt werden. Oder anders gesagt: Träume nicht Dein Leben, sondern lebe Deinen Traum!

- Das Totemtier träumen – eine kleine Anleitung:

Legen Sie sich ins Bett, schließen Sie die Augen, fühlen Sie sich wohl. Atmen Sie ruhig und warten Sie, bis lästige Gedanken verschwunden sind. Wenn alles ganz ruhig und still ist, rufen Sie ihr Totemtier: "Ich rufe mein Totemtier, bitte komm zu mir im Traum." Jetzt können Sie einschlafen, in Demut wartend, nicht fordernd. Es kann Wochen dauern, es können Monate vergehen, bis sich ihr Totemtier zeigt. Haben Sie Geduld ...

Ekstase, Tanz, Trance

Mircea Eliade berichtet über verschiedene Einweihungsrituale, in denen die Sucher sich in Schwitzhütten reinigen, um dann die Nacht durchzutanzen und zu singen – "bis er träumt, daß ihm das Tier, das er zu seinem Schutzherrn machen will, erscheint und seine Hilfe verspricht. Bei seiner Erscheinung fällt der Novize in Ohnmacht. Er fühlt sich wie betrunken, weiß nicht wie ihm geschieht, und ob es Tag oder Nacht ist. Das Tier sagt ihm, daß er es anrufen soll, wenn er Hilfe braucht, und teilt ihm ein besonderes Lied mit, mit dem er es anrufen kann." Ekstase kann aber auch entstehen, wenn man sich intensiv dem Totem als Erfahrung aussetzt. Métraux berichtet in *Le chamanisme dans l'Amérique du Sud tropicale*: "Nach karibischer Tradition war der erste *piai* ein Mann, der aus einem Fluß ein Lied aufsteigen hörte, beherzt in den Fluß tauchte und nicht mehr herauskam, bis er das Lied der Geisterfrauen auswendig gelernt und von ihnen das Zubehör seines Berufes empfangen hatte."

- Das Totemtier herbeitanzen – eine kleine Anleitung:

Suchen Sie sich einen geschützten Platz, machen Sie Feuer oder zünden Sie eine Kerze an. Auch Räucherwerk schadet nicht, im Gegenteil. Sie brauchen außerdem eine Rassel, oder Schellenbänder, die Sie an Hand- und/oder Fußgelenke binden. Rasseln Sie einen monotonen Rhythmus. Wenn die richtige Zeit gekommen ist, werden Sie sich wie von selbst bewegen. Tanzen Sie - nicht denken, einfach nur tanzen. Eventuelle Schamgefühle geben sich schnell, wenn Sie merken, daß der Tanz wirkt, also einen tranceartigen Zustand erzeugt. Gut ist es auch, wenn andere vertraute Menschen rasseln oder trommeln, ein Feuer brennt, der Vollmond prall am Himmel steht ...

Trommelreise

"Der Schlag der Trommel ist der Herzschlag von Mutter Erde", sagen die indianischen Schamanen. Dumpfes, monotones Trommeln vor Kerzenlicht oder Lagerfeuer hat schon für so manches Trance-Erlebnis gesorgt. Die rhythmischen Schläge entführen uns in die Zwischenwelt jenseits von Raum und Zeit. Und genau da wollen wir ja hin.

- Das Totemtier mit der Trommel suchen – eine kleine Anleitung:

Besorgen Sie sich eine Rahmen- oder Schamanentrommel, deren Klang mit Ihrem Herzen schwingt. Suchen Sie sich einen geschützten Platz, machen Sie Feuer oder zünden Sie eine Kerze und vielleicht auch etwas Räucherwerk an. Entspannen Sie sich, atmen Sie ruhig über den Mund in den Bauch ein, halten Sie die Luft kurz an und atmen Sie über die Nase wieder aus. Konzentrieren Sie sich auf Ihr Anliegen, streicheln Sie das Fell der Trommel. Fangen Sie dann an, gleichmäßig zu trommeln. Finden Sie Ihren Rhythmus und Ihre Lautstärke und trommeln Sie ...

Initiationsriten

Um mit seinen Schutzgeistern in Berührung zu kommen, kann man sich auch in die Einsamkeit zurückziehen, um durch intensive Konzentration die Vision zu erlangen und/oder sich Ritualen aussetzen, die eine starke psychische wie physische Wirkung haben. Hierzu zählen mehrtägiges Fasten, Visionssuche, Schwitzhüttenzeremonien, Selbstpeinigung, Piercing oder intensive Nah-Tod-Erfahrungen, wie z.B. in schamanischen Begräbnisriten. Alle diese Rituale sind sehr mächtig und sollten nicht ohne Begleitung eines erfahrenen *Schamanen* versucht werden.

- Das Totem erflehen – eine kleine Anleitung:

Suchen Sie sich einen Platz in der freien Natur, auf dem Sie ungesehen und ungestört 24 Stunden sitzen können. Setzen Sie sich bewußt 24 Stunden den Elementen aus. Je nach Jahreszeit, Witterung und Neigung sitzen Sie dort nackt oder mit Kleidung, im Schlafsack oder nur mit einer Decke. Nehmen Sie sich 2-3 Liter Flüssigkeit mit, aber fasten Sie. Wenn Sie sich an ihrem Platz eingerichtet haben, sprechen Sie ein Gebet an ihr Totem. Die *spirits* spüren ein ehrliches Bemühen und hören sehr genau den Klang der Gebete, die einem aufrichtigen Herzen entspringen. Jetzt müssen Sie nur noch warten ...

Totem

Drogen

Bei den Indianern Südkaliforniens ist die Schutzgeistsuche meist mit Initiations-ritualen verbunden. So erwarten sie die Erscheinung des Totemtiers als Folge der Einnahme einer psychoaktiv wirkenden Pflanze (jimson weed). Von den Skythen ist bekannt, daß sie in ihren Schwitzhüttenzeremonien mit Hanfsamen räucherten. Auch von Totemritualen mit den bei uns heimischen psychoaktiven Pflanzen, wie Fliegen-pilz, Habichts- oder Bilsenkraut, wird berichtet.

Eine Auswahl an Totems und ihre Bedeutung

Adler: Weisheit, Sonnenvogel, Stolz, Stärke, Zeichen der Götter, steht mit dem Großen Geheimnis direkt in Verbindung, geistiges-männliches Prinzip.

Bär: Kraft innerer Vision, Honig, Beständigkeit, Winterschlaf, gesammelte Weisheit in die Tat umsetzen.

Baum: Welten- und Lebensbaum, Verbindung zwischen Unterwelt-Welt-Oberwelt, Wachstum, Fruchtbarkeit, Grün=Lebenskraft, Seelensitz, Kelten/Germanen und Indianer sprechen den einzelnen Bäumen unterschiedliche Wirkungen und Kräfte zu.

Biber: Baumeister, unermüdlich, fleißig.

Blumen: weibliche Schönheit und Anmut, Jugend, Freude, Heiterkeit, Vergänglichkeit, Kraft der Sonne, Orakel in Liebesdingen.

Büffel: Kraft, Vorsorge, Fülle, Urquelle.

Chimäre: Mischwesen (Kopf-Löwe, Mitte-Schlange oder Ziege, Hinten-Drachen), feuerspeiend, dunkle-dämonische Kräfte, triebhaft, bedrohlich.

Dachs: Initiative, Angriff und Verteidigung.

Delphin: Bewahrer des Atems, Rhythmus des Lebens, kollektives Bewußtsein, große Lebens- und Heilkraft.

Drache: Mischwesen aus Schlange (erdverbunden, Materie) und Vogel (nach oben strebend, Geist), symbolisiert Yin-Yang-Prinzip, Hüter des Schatzes, Element Luft (China).

Eidechse: Traumzeit, Sucht Sonne und Wärme, Phantasie, Tagtier.

Einhorn: trägt auf seinem Rücken magische Zeichen und Symbole, steht für Weisheit-Tradition-Herrschertugenden, Glücksbringer, Sanftmut, Wohlwollen, guter Wille, Reinheit, Tugend, Wildheit, Erotik-reine Liebe, Element Erde (China).

Elch: Lebenserfahrung, Liebesruf, Mut, Ausdauer, Kraft.

Eule: Nacht, Hellsichtigkeit, Magie, lautlose Jagd, sechster Sinn, Heilkräfte.

Falke: Vision, Übersicht, schneller Jäger, scharfer Blick, Sehkraft, Geistesfreiheit.

Fisch: Wasser-Lebensenergie, Fruchtbarkeit, Zeugung, Erneuerung, Talisman gegen den bösen Blick.

Frosch: Regensänger, Hüter der Erneuerung wie des Regens, Element Wasser = Leben, Wäscher (der große), Symbol für Ursprung des Lebens, verwunschener Prinz.

Fuchs: Schlauheit, Intuition, Entschlossenheit, Maske, Tarnung.

Totem

Greif: Rumpf eines Löwen mit Adlerkopf und –flügel (König der Erde und König der Lüfte), oft mit Schwanz eines Drachen, Schatz- und Seelenwächter, der Athene heilig, auch Rächer, Sonnentier, Zugtier für Götterwagen, im Mitraskult Sinnbild der Sonne.

Harpyie: monströse, vogelartige Frauen, Sturm, Wind, Seelenvögel.

Hase: Fruchtbarkeit, Freundlichkeit, Schnelligkeit.

Hirsch: geschmeidig, voller Spannkraft, flink, Geist des Wilden, Hörner = Zeichen der Weisheit und der Zeugungskraft, verzweigendes Geweih = Sonnenstrahlen, deer (engl.) = leuchtendes Feuer.

Hund: Wächter, Treue, Aufrichtigkeit, Gefolgschaft.

Kentaure: Mischwesen aus Mann und Pferd, rauh, wild, das Tier im Mensch, Begierde, Kampf gegen das Böse.

Lachs: Zielstrebigkeit, Wiedergeburt, Erblinie, Suche nach Ahnen und Wurzeln, Schwimmen gegen den Strom.

Medusa: unheilabwehrend, schreckenserregende Aspekte der göttlichen Macht.

Meerjungfrau: fischartiges weibliches Mischwesen, Schönheit, Anmut, Gesang, Lust und Sinnlichkeit, Weissagung, auch Wassernymphe, sexuelle Verführungsmacht des Weiblichen.

Mond: die Mondin, Mondphasen, Wachstum, Wasser, Lebenskraft, Körperkraft, weiblich-lunares Prinzip.

Otter: verspielte Grazie, Vergnügen, Lebenslust, Anmut, Schönheit.

Pegasus: geflügeltes Pferd, wild, unbezähmbar, Kreativität.

Pferd: Freiheit, Beweglichkeit, Kommunikation, Wissen und Weisheit, Führerschaft.

Phönix: Symbol der Sonne, der Unsterblichkeit und der Auferstehung, in Ägypten dem Sonnengott Ra und dem Fruchtbarkeitsgott Osiris geweiht, Dauerhaftigkeit, Ewigkeit, Erneuerung, Element Feuer bzw. Substanz der Flamme (China).

Rabe: Orakeltier, Magie, Kraft, Geheimnis (Hugin & Munin), Botschaft, Zukunftsschau, Erfindungsgabe, Symbol des Heidnischen, des Sinnlichen, des Schamlosen.

Rose: Schönheit in Farbe und Duft, aber auch Dornen, der Liebesgöttin geweiht, Leidenschaft, Sinnlichkeit, Blut, Schmerz.

Schildkröte: Festigkeit, Erdung, Geduld, Kraft aus Ruhe und Langsamkeit, Element Wasser (China).

Schlange: Wandlung, Wissen um Lebensphasen, Heilung, Leidenschaft und Wille zum Töten, Sinnbild für Blitz-Regen-Fruchtbarkeit, Hüterin der Lebensenergie an Bäumen und Quellen.

Schmetterling: jede Verwandlung hat ihre Ordnung, Verwandlung von der erdgebundenen Raupe zum geflügelten luftigen Wesen, leichtes Fliegen von Blüte zu Blüte.

Sonne: Lebensenergie, Licht, Wärme, Fruchtbarkeit, Klarheit, das Gute, Lebenslust, Gesundheit, Freude, Kreislauf des Lebens in Tageszeiten und Jahreszeiten, männliches-solares Prinzip.

Sphinx: Mischwesen mit Frauenkopf, Löwenkörper und Adlerflügeln, Beschützerin der Toten, Weisheit, Symbol für königliche und göttliche Macht, aber auch Symbol für geheimnisumwitterte und rätselhafte Frau.

Spinne: Hexentier, die große Weberin inmitten des Weltenzentrums, Schicksalsgöttin.

Stern: geistiges Licht, Ideal, Kind von Sonne und Mond, Seele eines Verstorbenen, fünfzackig-Pentagramm, Magie, sechszackig vollkommenes Gleichgewicht zwischen den Polen.

Wal: kennt die Gesänge über die Geschichte des Menschenlandes, bevor es im Ozean versank.

Waschbär: spielerische Fülle, lustiges Spiel, Vorratshaltung.

Wolf: Führungseigenschaft, Schamanentier, Rudeltier, feiner Instinkt, erkundet neue Wege-neue Ideen-neue Art zu denken, Geschöpf der Dämmerung, liebt den Mond, Urinstinkt, rastloser Wanderer, starke Verbindung mit dem Unterbewußtsein.

Totem

Entsprechungen zwischen Totems und deutschen Namen

Adler: Arne, Arnhild.

Bär: Björn, Bernhard "der das starke Herz des Bären trägt", Mathgen (keltischer Druide, der Name ist abgeleitet aus *matu-genos* "vom Bären geboren")

Biene: Beowulf.

Eber: Eberhard.

Elfen & Nixen: Ilse, Else, Elfrun "die das geheime Wissen der Elfen hat", Elisa.

Falke: Falko.

Friede: Friederun "die um das Geheimnis des Friedens weiß", Wilfried, Friedhelm, Manfred "die Kraft des Friedens".

Liebe/Leben: Liebgard "die die Liebe hütet".

Linde: Gerlinde "die das Geheimnis des Baumes verteidigt".

Löwe: Leo, Leon.

Norden: Norman.

Rabe: Hugin (Odins Rabe) = Hugo "der Gedanke".

Runen: Yorun, Ingrun, Alruna, Gudrun.

Schwan: Svena.

Sonne: Solveigh, Sunna, Sonnwin "Freund der Sonne und des Lichts"

Wald: Widukind, Hagen "der den Hag, den Hain – also das spirituelle Zentrum seines Volkes – schützt".

Wolf: Wolfgang "der den Weg des Wolfes geht", Wulf, Ulf, Wolfram.

Ziege: Heidrun.

Totem

Literaturempfehlung für die Suche nach einem Totem (nur Literatur, die praktisch verwertbar ist):

Buzzi, Gerhard: Krafttiere. Wie sie stärken, schützen, helfen. Atlantis Verlag.

Foster, Steven & Little, Meredith: Die Vier Schilde. Initiationen in die Jahreszeiten der menschlichen Natur. Arun-Verlag.

Harner, Michael: Der Weg des Schamanen. Rowohlt Verlag.

Lüpke, Geseko von & Koch-Weser, Sylvia: Vision Quest. Ariston Verlag.

Rätsch, Christian: Die Enzyklopädie der psychoaktiven Pflanzen. AT-Verlag.

Ulbrich, Björn: Im Tanz der Elemente. Kult und Ritus der naturreligiösen Gemeinschaften, 3. Auflage, Arun-Verlag.

BIBLIOGRAPHIE

Brown, Joseph Epes (Black Elk): Die Heilige Pfeife: Das indianische Weisheitsbuch der sieben geheimen Riten, Bornheim : Lamuv, 1984.

Brown, Joseph Epes (Black Elk): Teaching spirits: Understanding Native American religious traditions, Oxford, University Press, 2001.

Brown, Joseph Epes (Black Elk): Animals of the soul: Sacred animals of the Oglala Sioux, Rockport, Element, 1997.

Brown, Joseph Epes (Black Elk): The spiritual legacy of the American Indian, New York, Crossroad, 1990.

Buechel, Father Eugene: Lakota names and traditional uses of native plants by Sicangu people in the Rosebud area, The Rosebud Educational Society, 1980.

Coombes, Allen J.: Arbres, Bordas, 1993.

Crow Dog, Mary: Lakota woman, Leipzig, 1992.

Crow Dog, Mary: Ohitika woman, Leipzig, 1994.

Deloria, Vine: Gott ist rot, München : Goldmann, 1987.

Deloria, Vine: Nur Stämme werden überleben, München, 1982.

Elsom, Derek: La Terre; in: Sciences et Avenir, Nr. 2667, Okt. 2001, Ed. Solar 1993.

Erdoes, Richard: Der Tanz der Büffel, Bern - München - Wien, 1997.

Erdoes, Richard: Der Donnerträumer, Wien, 1999.

Gsalter, A. & Lazier, P.: Le Bison d'Europe, Traces, 1996.

Hageneder, Fred: Der Geist der Bäume, Neue Erde, Saarbrücken, 1999.

Lame Deer, John F.: Tahca Ushte, Medizinmann der Sioux, München, 1979.

Mails, Thomas E.: Oyate Wica 'Ni Ktelo, Arun-Verlag, Engerda 1998

Pazzogna, Annie: Inipi, Arun-Verlag, Engerda, 1999.

Pelt, Jean-Marie: Pflanzenmedizin : Heilkraft aus der Natur, Düsseldorf, Econ, 1983.

St. Pierre, Mark: Walking in the sacred manner: Healers, dreamers, and pipe carriers; medicine women of the Plains Indians, New York, Simon & Schuster, 1995.

Strassmann, René-Anton: Baum-Heilkunde, Mogelsberg, Zytlogge, 1986.

Terre Sauvage, Nr. 154, Oktober 2000.

Thomsan, William A. R.: Heilpflanzen und ihre Kräfte: Ein Ratgeber für Fragen der Gesundheitsmedizin auf natürlicher Basis, Köln, Lingen, 1988.

Ausführliche Informationen, aktuelle Neuheiten und unseren Onlineshop finden Sie unter:

www.arun-verlag.de

Annie Pazzogna

Inipi - Das Lied der Erde

Die indianische Schwitzhütte

Die sieben Riten der Heiligen Pfeife
sind das religiöse Fundament der Lakota-Tradition.
Besonderen Wert legt Pazzogna dabei auf die Schwitzhütte:
• Wie ist das Ritual entstanden?
• Wie baut man eine Schwitzhütte?
• Welche Lieder werden gesungen, welche Kräuter zu welchem
Zweck verbrannt, wie ist der zeremonielle Ablauf?
Die Schilderungen sind detailliert und fachkundig,
aber eignen sich dennoch nicht zum
Ausverkauf der indianischen Spiritualität.
Denn nur wer informiert ist,
kann Achtung und Respekt erweisen -
den Menschen und Mutter Erde.

288 S., 66 s/w-Abb., Broschur, A5
ISBN 3-935581-67-X
EUR 18,00 / 31,90 SFR

Michael Two-Feathers

Inipi

Rituallieder der Lakota

Auf dieser CD befinden sich wichtige, alt überlieferte Lieder der Lakota,
die sie während verschiedener Zeremonien singen.
Jedes Lied wird von Michael Two-Feathers erklärt und gesungen.
Im Beiheft kann die deutsche Übersetzung nachgelesen werden.
Der Zuhörer wird zum Anhören, Mitsingen und Mittrommeln eingeladen.

Musik CD, Spielzeit 78:47 min.,
deutsche Übersetzung im 16-seitigen Beiheft, 4-farbig, reich bebildert
ISBN 3-935581-45-9
EUR 19,95 / 36,80 SFR

Thomas E. Mails

Oyate Wica´Ni Ktelo

Das Volk soll leben - Der Sonnentanz der Sioux

Der traditionelle Sonnentanz ist seit jeher eine tiefgreifende
religiöse Zeremonie und beinhaltet jeden Aspekt der Sioux-Religion.
Thomas Mails erhielt von den berühmten Sonnentanzhäuptlingen
Frank Fools Crow und Chief Eagle Feather die Einladung,
den Sonnentänzen im Rosebud- und Pine-Ridge-Reservat beizuwohnen
und die Zeremonie in allen Einzelheiten festzuhalten:
Eine einmalige Ehre, die vor ihm keinem Weißen zuteil geworden war.
Das Ergebnis ist dieses bahnbrechende Werk,
reich mit seltenen Fotos, detailreichen Skizzen
und herrlichen Vierfarbzeichnungen illustriert.
Oyate Wica´Ni Ktelo führt den Leser mitten hinein
in das Erlebnis des Sonnentanzes.

408 S., 350 s/w- und 16 Farbabb.,
Großformat, geb., Schutzumschlag
ISBN 3-927940-57-7
EUR 19,95 / 33,70 SFR

4. Auflage!

Regula Meyer

tierisch gut

Tiere als Spiegel der Seele

Die Symbolsprache der Tiere

„Nur wenig im Leben passiert wirklich zufällig!"
Den Eindruck haben wir immer wieder. Wenn wir im Garten, beim Spazieren-
gehen oder Joggen plötzlich einem Tier gegenüberstehen, erscheint uns das
vielleicht kurzfristig bemerkenswert, hat aber oft tiefe Bedeutung.
Die Schweizerin Regula Meyer hat schon früh ihre Wahrnehmung
für scheinbar außersinnliches geschärft und beschreibt aus eigener Erfahrung
den „Sinn" und die Deutungsmöglichkeiten für solche Begegnungen
der dritten Art mit 110 Tiercharakteren.
Der schamanische Ansatz der Autorin erklärt, wann und wie Tiere als Spiegel
unserer Seele wirken. Alle Beschreibungen handeln von Tieren
aus dem mitteleuropäischen Raum und sind mit Fotos versehen.
Um jedem Interessierten den Einstieg zu erleichtern,
gibt Regula Meyer Tips und Ratschläge, was bei der Begegnung
mit den Vertretern aus der Tierwelt zu beachten ist.

272 S., über 100 Abb., Pb, 17,0 x 24,0 cm
ISBN 3-935581-17-3
EUR 18,00 / 31,90 SFR

2. Auflage!

CELTIC
T⊕TEM

EINE REISE ZU
DEN KELTISCHEN
TOTEMTIEREN

ARUN

John Matthews

Celtic Totem

Eine Reise zu den keltischen Totemtieren

Für Menschen, die sich auf die Suche nach ihrem eigenen Krafttier
begeben möchten, ist Celtic Totem das ideale Paket:
bestehend aus einem Buch, einer CD (Schamanisches Trommeln) und einem
Kartenset von 20 Tierkarten, ist man bestens ausgerüstet für die eigene
schamanische Reise und die Arbeit mit dem Krafttier.
John Matthews beschreibt auf eindrückliche Weise die Bedeutung,
welche die Totems für unsere Vorfahren einst hatten und
auch für uns heute wieder haben können.
Einige der schönsten keltischen Tier-Geschichten werden im zweiten Teil
des Buches vorgestellt. Im letzten Teil schließlich werden die keltischen
Totemtiere eingehend erklärt. Gerüstet mit dem Wissen, den Ratschlägen und
Tips aus dem Buch, mit Hilfe der Schamanischen Trommeln auf der CD und
der Tierkarten hat man nun die besten Voraussetzungen, sich auf seine eigene
schamanische Reise zu begeben und seinem Krafttier zu begegnen.

128 S., mit CD und 20 Orakelkarten, 17,0 x 24,0 cm, Broschur
ISBN 3-935581-27-0
EUR 22,00 / 38,60 SFR

Bill Plotkin

Soulcraft

Die Mysterien von Natur und Seele

Soulcraft beschreibt theoretisch wie praktisch ein breites Spektrum an Ritualen,
die zusammen mit intensiven, teils archaischen Naturerlebnissen
initiatisch wirken.
Bill Plotkin zeigt dem Leser, wie er das Wilde tief in seiner Seele befreien
kann, ohne dabei selbst will zu werden.
Das Buch ist wie eine Reise über die Pfade des Unterbewusstseins, mit dem
Herz eines Schamanen unter Nutzung der Kraft der Mythen, eingebunden in die
Psychologie C.G. Jungs. Es richtet sich an alle, die auf der Suche nach
Techniken zur Befreiung der wilden Seelenanteile sind.
Plotkin offenbart hier einen wahren Schatz für alle Weisheitssuchenden,
Psychologen und praktizierenden Schamanen. Das Buch ist eine
Gebrauchsanleitung für die Reise durch die Seelenlandschaft des Menschen.

396 S., 17 x 24 cm, Broschur
ISBN 3-935581-76-9
EUR 22,00 / 38,60 SFR

Voenix & Björn Ulbrich

Das Medizinrad

Das Medizinrad ist so alt wie die Menschheit selbst.
Orientiert haben sich die beiden Autoren
vor allem an Sun Bear und Hyemeyohsts Storm,
die die Tradition des Medizinrades sehr gut verständlich gemacht haben.
Eben jener Tradition folgt die künstlerische Umsetzung.
Das Medizinrad mit all seinen Entsprechungen in Farben,
Festen, Ritualen, Tier-, Pflanzen- und Kristallwelt wird
in einzelnen Kreisen dargestellt und erläutert.
Im unteren Kasten ist der Text eines Schwitzhüttengebetes
zur Anrufung der Medizinradkräfte wiedergegeben.

Poster, 4-farbig, Format: DIN A 1
ISBN 3-927940-92-5
EUR 12,00 / 23,00 SFR

2. Auflage!

JOHN MATTHEWS
SCHAMANISCHES
TROMMELN

ARUN

John Matthews

Schamanisches Trommeln

Mit dem monotonen Rhythmus, auf einer Rahmentrommel gespielt,
öffnen sich die Tore in die Anderswelt, das eigene Unbewußte.
Wer sich darauf einläßt, hat die Möglichkeit sich beim Klang der Trommeln
in eine leichte Trance singen zu lassen.
Wohin die Reise führt und welche Begegnungen stattfinden,
bleibt dem Reisenden selbst überlassen.
Wer es wagt, der mag seinem Krafttier begegnen oder
mit anderen Wesenheiten kommunizieren.
Die Tracks dieser CD wurden von John und Caitlin Matthews
auf einer Double-headed Sea Drum sowie einer irischen Bodhran eingespielt.

Track 1: Single Drumming, 20 min.
Track 2: Double Drumming, 20 min.
Track 3: Single Drumming, 30 min.

6-seitiges Digipack, 70 min.
ISBN 3-935581-31-9

Caitlın Matthews
Das Lied der Seele
Schamanische Rituale für Vision und Heilung

Integration finden durch Schamanismus – das ist im Groben der Ansatz von Caitlın Matthews, den sie in diesem Buch verfolgt. Wer fühlt sich nicht manchmal fehl am Platz, nicht ganz richtig an seinem Ort zu dieser Zeit? Alles, was sich nicht richtig anfühlt, ist ein Signal der Seele, dass sie wahrgenommen werden möchte. Ihr *Lied* möchte sie singen dürfen – und wir müssen Wege finden, ihr wieder zuzuhören, einzustimmen in ihr Lied, uns frei *singen* in ein Leben voller Erfüllung.

Im *Lied der Seele* beschreibt Matthews, wie wir dieses Ziel verfolgen können und inwiefern der Schamanismus uns auf unserem Weg begleiten und unterstützen kann – ja, dass er gar essentiell ist, um dieses Lied wirklich verstehen zu können.

So führt sie erst einmal ein in das schamanische Universum, die verschiedenen Reiche (die obere, mittlere und untere Welt) und Bewohner der Anderswelt (Feen, Zwerge, Kraftwesen, spirituelle Helfer). Dabei stellt sie zahlreiche Übungen vor und ermutigt den Leser immer wieder, sich selbst wahr und ernst zu nehmen und dem zu folgen, was seine Seele ihm subtil einflüstert.

272 Seiten, 10 s/w-Abb., 17 x 24 cm, Broschur
ISBN 3-935581-87-4